AF612770

LIVRET
DES VOITURES PUBLIQUES
GUIDE DES VOYAGEURS DANS PARIS
(SEUL ADMIS PAR LES ADMINISTRATIONS)

Contenant : Le parcours des Omnibus, les voitures des Chemins de fer, Bateaux à vapeur;
Les Voitures des environs de Paris;
Les Ministères, les Ambassades, les Monuments de Paris,
Mairies et Justices de paix, la Poste aux lettres, la Poste aux chevaux, les Eglises, etc., etc.
Les Rues de Paris et les Colléges,
Ainsi que le prix des places des Chemins de fer.

PRIX : 50 CENTIMES.

(HUITIÈME ÉDITION.)

SE VEND
CHEZ A. RENÉ, RUE DE SEINE, 36 ; A LA GARE DU CHEMIN DE FER DU NORD, CHEZ LE CONCIERGE;
RUE DE GRENELLE-SAINT-GERMAIN, 38,
ET DANS TOUS LES BUREAUX D'OMNIBUS.
1850

VINAIGRE DE TOILETTE

DE LA SOCIÉTÉ HYGIÉNIQUE.

Les découvertes qui ont pour objet de pourvoir à un besoin réel s
toujours adoptées avec empressement, dès que l'expérience en a co
l'efficacité. C'est ce qui explique le succès croissant qu'obtient le VI
GRE DE TOILETTE DE LA SOCIÉTÉ HYGIÉNIQUE, dont le dépôt général
rue Jean-Jacques Rousseau, 5. La toilette réclamait depuis longtem
un produit qui eût les avantages de l'eau de Cologne, et qui en mê
temps fût exempt de l'action siccative et brûlante de cette eau spiritue
et de toutes celles qui, comme elle, ont pour base l'esprit de vin ou l'
de vie. Le VINAIGRE DE TOILETTE DE LA SOCIÉTÉ HYGIÉNIQUE n'a pas
graves inconvénients, et à lui seul il possède réunies les qualités qu
cherchait en vain dans un grand nombre de ces préparations; nous
saurions donc trop en recommander l'usage aux personnes jalouses
conserver leur fraîcheur et leur santé.

LIVRET
DES VOITURES PUBLIQUES
GUIDE DES VOYAGEURS DANS PARIS
(SEUL ADMIS PAR LES ADMINISTRATIONS)

Contenant : Le parcours des Omnibus, les voitures des Chemins de fer, Bateaux à vapeur ;
Les Voitures des environs de Paris;
Les Ministères, les Ambassades, les Monuments de Paris,
Les Mairies et Justices de paix, la Poste aux lettres, la Poste aux chevaux, les Eglises, etc., etc.
Les Rues de Paris et les Colléges,
Ainsi que le prix des places des Chemins de fer.

PRIX : 50 CENTIMES.

(HUITIÈME ÉDITION.)

SE VEND

CHEZ A. RENÉ, RUE DE SEINE, 36 ; A LA GARE DU CHEMIN DE FER DU NORD, CHEZ LE CONCIERGE;
RUE DE GRENELLE-SAINT-GERMAIN, 38,

ET DANS TOUS LES BUREAUX D'OMNIBUS.

1850

Ce livret a été déposé et est ma propriété.

A.-C. DE BALALLE,
Ancien capitaine.

AVIS.

Les Administrateurs qui auraient des observations à faire pour rectifier les erreurs que l'on pourrait avoir commises, pourront s'adresser rue de Grenelle Saint-Germain, 38, franco, à M. A.-C. DE BALALLE, qui s'empressera d'accueillir les réclamations.

Tous les Omnibus de la Compagnie générale conduisent aux chemins de fer de Lyon, Rouen, le Hâvre et Versailles (rive droite) directement et avec correspondances, ainsi qu'aux environs de Paris (Page 17), et tous les chemins de fer.

Les Dames-Réunies conduisent aux chemins de fer de Strasbourg ;
Les Favorites conduisent aux chemins de fer du Nord et de Sceaux ;
Les Tricycles conduisent aux chemins de fer de Chartres et de Versailles (rive gauche) ;
Les Gazelles conduisent aux chemins de fer d'Orléans et de Corbeil ;
Les Constantines conduisent au chemin de fer de Versailles (rive droite).

Avis aux Voyageurs.

Les conducteurs des Omnibus sont tenus, en arrivant devant un bureau de leur dministration, d'appeler les différents points de correspondance et d'y faire desendre les voyageurs porteurs de cette correspondance, qui, à leur entrée au bueau, devront se faire connaître au chef de la station au moyen de leur bulletin, ui sera contrôlé par la remise d'un autre cachet avec un numéro d'ordre. Le cahet de correspondance est personnel et ne reçoit son effet qu'autant qu'il y a lace dans la voiture. Les voyageurs ne peuvent monter en voiture que par numéro 'ordre avant ceux qui se trouvent sur la voie publique.

SIÉGE DES DIVERSES ADMINISTRATIONS.

Siége de l'administration de la Compagnie générale des Omnibus, rue Saint-Thomas du Louvre. — Gérant : M. Moreau de Chaslon.

Siége de l'administration des Hirondelles et Parisiennes, à la Chapelle-Saint-Denis — Gérant : M. Blanc.

Siége de l'administration des Dames-Réunies, à la Villette. — Gérant : M. Valentin.

Siége de l'administration des Tricycles, barrière du Maine. — Gérant : M. Jules Moreau.

Siége de l'administration des Favorites, à la Chapelle-Saint-Denis. — Gérant M. de Jarnac.

Siége de l'administration des Béarnaises, à Grenelle. — Gérant : M. Delettrez.

Siége de l'administration des Constantines, barrière Longchamp. — Gérant M. Meuron.

Siége de l'administration des Citadines, à Belleville. — Gérant :

Siége de l'administration des Batignollaises et des Gazelles, à Batignolles. — Gérants MM. Michel Block et Ce.

Siége de l'administration des Excellentes, à Belleville. — Gérant : M. Goury.

OMNIBUS

Allant de la Bastille à la Madeleine (lumière rose).

Partant du bureau de la Bastille, cette voiture arrive au boulevard des Filles-du-Calvaire. Elle donne la correspondance pour la voiture du Roule, passant par les Halles, le Palais-Royal, le Carrousel, le faubourg Saint-Honoré, la Madeleine et le Roule (page 9).

Cette voiture, arrivant au bureau du faubourg du Temple, donne la correspondance aux voitures Parisiennes, pour la Croix-Rouge, le Mont-Parnasse (p. 29).

Cette voiture, arrivant au bureau de la porte Saint-Martin, donne la correspondance, par les Hirondelles, pour la place Cadet, barrière Rochechouart, île Saint-Louis, Port-aux-Vins, Jardin-des-Plantes, barrière Fontainebleau (p. 27).

Par les Dames réunies, pour la Villette et la place Saint-Sulpice (p. 19).

Cette voiture, arrivant au bureau des Italiens, donne la correspondance pour la barrière Blanche, la Bourse, le Palais-Royal, le Carrousel, la Croix-Rouge, la place Saint-Sulpice, l'Odéon et le Luxembourg (p. 13).

Cette voiture, arrivant à la Madeleine, lieu de sa station, donne la correspondance, par les Omnibus, faubourg Saint-Honoré, barrière du Roule, le Carrousel, le Palais-Royal, rue Saint-Honoré, les Halles, carré Saint-Martin et le boulevard des Filles-du-Calvaire, avec supplément pour Neuilly (p. 19).

Par la voiture du chemin de fer de Rouen : la place du Havre, la Bourse, la Ban-

que, le Marais, la place Royale, la rue Rambuteau et la place de la Bastille (p. 11)
Monceaux, avec suppl. Asnières, Argenteuil.

OMNIBUS

Allant de la Madeleine à la Bastille (lumière rose).

Cette voiture, à son retour, passe par tous les bureaux de la première ligne seulement, elle ne donne point de correspondance au bureau de la porte Saint-Martin ainsi qu'au bureau du faubourg du Temple seulement pour la Villette (p. 19), elle reçoit toutes les correspondances mais elle n'en donne pas.

Arrivant au bureau de la Bastille, endroit de sa station, elle donne la correspondance pour le Père-Lachaise, pour le chemin de fer de Rouen, passant par la rue Royale, le Marais, la rue Rambuteau, la Banque, le Palais-Royal, la Bourse et la Madeleine (p. 11), avec suppl. Monceaux, Asnières et Argenteuil.

Avec les Diligentes : Chaussée-d'Antin, rue Saint-Honoré, Palais-Royal, marché Saint-Honoré et rue Saint Lazare (p. 16).

Par la voiture de Bercy, à Bercy et au chemin de fer de Lyon (p. 9).

Par la voiture du Trône, pour la barrière du Trône, rue Saint-Antoine, pont Louis-Philippe, Hôtel-de-Ville, Palais-de-Justice, tous les quais et le Carrousel (p. 7).

Avec supplément, cette ligne a correspondance avec toutes les petites voitures de Charenton, Vincennes, Saint-Maur, Nogent, Fontenay-sous-Bois, Alfort, Créteil, etc., (p. 17).

OMNIBUS

Allant de la barrière du Trône au Carrousel (lumière rose).

Arrivée au bureau de la Bastille, cette voiture donne la correspondance pour la ligne des boulevards, pour le Père-Lachaise (p. 12), pour Bercy (p. 9), pour le chemin de fer de Rouen et du Hâvre (p. 11), avec suppl. Monceaux, Asnière, Argenteuil, passant par la place des Vosges, les quartiers des Marais, du Temple, rue Rambuteau, la Banque, la Bourse, la Madeleine, pour la barrière de Charenton, la Chaussée-d'Antin et le chemin de fer de Lyon.

Cette voiture, arrivant au bureau du pont de la Réforme, donne la correspondance avec les voitures Parisiennes pour Vaugirard, et par les Hirondelles pour le quartier Mouffetard, la place Cadet et Bercy (p. 15).

Cette voiture, arrivant au bureau de la rue Bertin-Poirée, donne la correspondance aux voitures Hirondelles, place Cadet, barrière Rochechouart (p. 27).

Par les voitures Orléanaises : Bercy, Grande-Pinte, Râpée (p. 15).

Cette voiture, arrivant au Carrousel, lieu de sa station, donne la correspondance pour les voitures des Filles-du-Calvaire, barrière du Roule, Passy, barrière Blanche, Odéon et le Luxembourg, Auteuil et Saint-Cloud, avec suppl. Asnière, Argenteuil.

Cette voiture, repartant du Carrousel à la barrière du Trône, repasse par les mêmes bureaux et redonne les mêmes correspondances. Cette voiture donne aussi la correspondance, avec supplément, pour Vincennes, Saint-Maur, Fontenay-sous-Bois, Charenton, Alfort, Créteil, etc.

OMNIBUS

Allant de la Madeleine à Neuilly (lumière verte).

Cette voiture, partant du bureau de la Madeleine, passe faubourg Saint-Honoré barrière du Roule, les Thernes; au bureau Villiers l'on paie un supplément d 20 centimes pour aller jusqu'à Neuilly; elle passe par Sablonville, le long des fortifications, et arrête à sa station, au pont de Neuilly.

Cette voiture, à son retour, suit la même route. Arrivée au bureau de la barrière du Roule, elle ne prend plus que 30 centimes depuis Villiers jusqu'à la Madeleine

Cette voiture, arrivant au bureau de la rue Royale, donne la correspondance au voitures Parisiennes pour la Chambre des Députés, faubourg Saint-Germain, le Ministères, place Saint-Sulpice, Panthéon, Chaussée-d'Antin, rue Montholon, plac Vendôme, barrière Poissonnière Saint Laurent et Grenelle par les Filles-du-Calvaire

Par les Omnibus : toute la ligne des boulevards et le chemin de fer de Lyon.

Par l'omnibus de Monceaux : la Banque, la Bourse, le Palais-Royal, les Marais, l rue Rambuteau, la place Royale et la place de la Bastille (p. 10), chemin de fer de Lyon, de Rouen, Monceaux, avec suppl. Asnières, Argenteuil.

Par l'Omnibus des Filles-du-Calvaire : le quartier des Halles, le Palais-Royal le Carrousel, la place Royale, le carré Saint-Martin et le boulevard des Filles-du-Calvaire (p. 9).

OMNIBUS

Allant de Bercy à la Bastilleet du chemin de fer de Lyon (lumière rose).

Du bureau de Bercy, elle passe boulevard Contrescarpe, les quais, la Râpée, boulevard extérieur, chemin de fer et de Lyon, Bercy, lieu de sa station.

Au bureau de la Bastille, cette voiture donne la correspondance pour les Diligentes, barrière de Charenton, Chaussée-d'Antin, Père-Lachaise, barrière du Trône, les quais, le Carrousel, Palais-de-Justice, la ligne des boulevards, la Madeleine, le chemin de fer de Rouen, passant place Royale, le Marais, rue du Temple, rue Rambuteau, la Banque, Palais-Royal, la place de la Bourse et la Madeleine (p. 10), Monceaux, avec suppl. Asnières, Argenteuil.

Cette voiture donne aussi, avec supplément, la correspondance pour Vincennes, Saint-Maur, Fontenay-sous-Bois, Charenton, Alfort, Créteil et Nogent (p. 17).

Cette voiture arrive à sa station à la Bastille, allant à Bercy directement.

OMNIBUS

Allant du Roule aux Filles-du-Calvaire (lumière rose).

Cette voiture passe rue du faubourg Saint-Honoré, la Madeleine, rue Duphot, rue Saint-Honoré, rue des Prouvaires, pointe Sainte-Eustache, rue Montorgueil, rue Saint-Denis, rue aux Ours, rue Saint-Martin, rue Royale-Saint-Martin, carr Saint-Martin, et le boulevard des Filles-du-Calvaire, lieu de sa station.

Cette voiture, au bureau de la Madeleine, donne la correspondance pour Mon ceaux, le chemin de fer de Rouen, le Marais, Palais-Royal, la place de la Bourse, l Banque, place Royale et la place de la Bastille, la ligne des boulevards, portes Sain Denis et Saint-Martin, avec suppl. Asnières, Argenteuil et Neuilly.

Cette voiture, au bureau du 29 Juillet, donne la correspondance pour la barrièr Charenton, chemin de fer de Lyon, passant par la place Saint-Jean et la Bastille la Chaussée-d'Antin, avec suppl. Asnières, Argenteuil.

Cette voiture, au bureau des Quinze-Vingts, donne la correspondance pour l barrière du Trône, les quais, Palais-de-Justice (p. 7), la Râpée, Bercy (p. 15) Odéon, barrière Blanche, rue Richelieu, Opéra (p. 13), Passy (p. 13), Asnière Argenteuil, barrière du Maine avec les Tricycles (p. 19), Auteuil et Saint Cloud.

Cette voiture, au bureau du Palais-National, donne la correspondance pou Neuilly, Charenton, Chaussée-d'Antin et avec les Dames-Réunies pour Grenelle Saint-Laurent (p. 18).

Cette voiture, au bureau de l'Arbre-Sec, donne la correspondance avec les Hiron delles, la barrière Saint-Jacques, place Cadet, barrière Rochechouart (p. 27), Mont Parnasse et boulevart du Temple (p. 29), ensuite arrive aux Filles-du-Calvaire.

A son retour pour la barrière du Roule, même corresp., avec suppl. à Neuilly

OMNIBUS

Allant de la place de la Mairie (Batignolles-Monceaux) à la Bastille, passant par les chemins de fer de Rouen et de Lyon (lumière rose).

Trajet direct : rue des Dames, barrière Monceaux, rue du Rocher, Saint-Lazare, place du Havre, rue Tronchet, la Madeleine, rue Neuve-Saint-Augustin, Filles-Saint-Thomas, place de la Bourse, rue Notre-Dame-des-Victoires, place des Victoires, la Banque, rues Coquillière, Traînée, pointe Saint-Eustache, Rambuteau, du Paradis, Francs-Bourgeois, place Royale, boulevard Beaumarchais, place de la Bastille et chemin de fer de Lyon, lieu de sa station.

Bureau place du Hâvre, par les Constantines : Chaillot, faubourg Saint-Martin et le chemin de fer de Strasbourg.

Cette voiture, arrivant au bureau de la Madeleine, donne la correspondance pour le Carrousel, la ligne des boulevards (p. 5-6), portes Saint-Denis et Saint-Martin, les Filles-du-Calvaire (p. 9), faubourg Saint-Honoré, le Roule, le quartier des Halles, carré Saint-Martin, avec supplément à Neuilly et pour le faub. Poissonnière (p. 30).

Bureau rue d'Antin, par les Diligentes : la Chaussée d'Antin, le Palais-National, le Carrousel, les Tuileries, le Louvre, marché Saint-Jean, rue Saint-Antoine, les Halles, rue de la Verrerie.

Cette voiture, au bureau de la Banque, donne la correspondance pour les voitures Tricycles (p. 19), la rue du Bac, barrière du Maine, chemin de fer (rive gauche) et porte Saint-Denis; et (p. 22) St-Sulpice et chem. de fer du Nord.

Bureau des Petits-Pères, par les Citadines : Faubourg du Temple et Belleville.

Cette voiture, au bureau Rambuteau, donne la correspondance par les voitur Hirondelles (p. 25), porte Saint-Martin, place Cadet, barrière Rochechouart, Saint-Louis, l'Entrepôt des vins, rue Mouffetard.

Arrivant à la station de la Bastille, cette voiture donne la correspondance po la barrière Charenton, Chaussée-d'Antin, Père-Lachaise, Bercy, toute la ligne d boulevards, portes Saint-Martin et Saint-Denis, barrière du Trône, le Carrouse l'Hôtel-de-Ville, Palais-de-Justice. Elle donne la même correspondance à son reto de la Bastille au chemin de fer de Rouen.

OMNIBUS

Allant de la place de la Bastille au cimetière du Père-Lachaise (lumière rose).

Trajet direct : rue de la Roquette et le Père-Lachaise.

A son retour du Père-Lachaise à la place de la Bastille, lieu de sa station, cet voiture donne les correspondances pour la barrière de Charenton, la Chaussé d'Antin (p. 16), barrière du Trône (p. 7), Carrousel, Palais-de-Justice, Hôtel-d Ville, Bercy, chem. de fer de Lyon (p. 9), la Râpée, toute la ligne des boulevards (5-6), le chem. de fer de Rouen, Monceaux (p. 11), la Banque, Palais-Royal, plac de la Bourse, la Madeleine, place du Havre.

Avec supplément, Vincennes, Saint-Maur, Fontenay-sous-Bois, Nogent, Charen ton, Alfort, Créteil, Asnières, Argenteuil, etc. (p. 17).

OMNIBUS

Allant de la barrière Blanche à l'Odéon (lumière rose).

Trajet direct de cette ligne : rue Notre-Dame-de-Lorette, rue de la Fontaine-Saint-Georges, église Notre-Dame-de-Lorette, rue Laffitte, boulevard des Italiens, rue Richelieu, rue de Rohan, place du Carrousel, pont Royal, quai Voltaire, rue des Saints-Pères, rue Taranne, rue du Dragon, la Croix-Rouge, rue du Vieux-Colombier, place Saint-Sulpice, rue de Tournon, Odéon.

Bureau du boulevard des Italiens, par les Omnibus : porte Saint-Denis, la Bastille, les boulevards, la Madeleine (p. 5-6).

Bureau du Carrousel, par les Omnibus : Pont-Neuf, Hôtel-de-Ville, Râpée.

Même bureau : Madeleine et Asnière.

Même bureau, par les Omnibus : Trône (p. 7), Passy (p. 15), Champs-Élysées.

Même bureau, par les Omnibus : Neuilly (p. 8), l'Étoile, Roule, boulevard des Filles-du-Calvaire, avec suppl. Auteuil, Saint-Cloud, Asnière et Argenteuil.

Mêmes correspondances pour le retour.

OMNIBUS

Allant de Passy au Carrousel (lumière rose).

Trajet direct de cette ligne : barrière de Passy, quai de Billy, quai de la Conférence, quartier de François Ier, Cours-la-Reine, Champs-Elysées, place de la Concorde, quai des Tuileries, place du Carrousel.

Bureau du Carrousel : pour la Madeleine, Monceaux et Asnière.

Même bureau, par les Omnibus ; Odéon ou barrière Blanche (p. 13).

Même bureau, par les Omnibus : Râpée, Bercy (p. 15).

Même bureau, par les Omnibus : Roule ou boulevard des Filles-du-Calvaire (p. 9), Trône, les quais, la Bastille (p. 7).

Ne donne pas de correspondance pour le retour.

OMNIBUS

Allant de Neuilly au Louvre (lumière rouge).

Trajet direct de cette ligne : pont de Neuilly, route de Neuilly, bois de Boulogne, barrière de l'Etoile, avenue des Champs-Elysées, place de la Concorde, rue de Rivoli, rue Saint-Honoré, place du Palais-Royal, le Louvre.

Bureau des Champs-Elysées, par les Constantines (p. 32) : Chaillot ou rue Saint-Lazare, faubourg Saint-Martin et chemin de fer de Strasbourg.

Bureau des Quinze-Vingts, par les Omnibus : pointe Saint-Eustache, quartier des Halles, carré Saint-Martin, boulevard des Filles-du-Calvaire (p. 9).

Bureau du Palais-National : pour les Filles-du-Calvaire (p. 9), Charenton et chemin de fer de Lyon (p. 16).

Bureau du Carrousel, par les Omnibus ; Odéon ou barrière Blanche (p. 13).

Même bureau, par les Omnibus : les quais, la Bastille, le Trône (p. 7).
Bureau du Louvre, par les Omnibus : Râpée, Bercy (p. 15).
Du Louvre à Neuilly, ces voitures donnent la correspondance pour les Constantines seulement.
Ne donne pas de correspondance pour le retour.

OMNIBUS

Allant du Louvre à Bercy et au chemin de fer de Lyon (lumière rose-orange).

Trajet direct de cette ligne : place de l'Oratoire du Louvre, quai de l'Ecole, quai de la Mégisserie, place du Châtelet, quai de Gèvres, quai Pelletier, Hôtel-de-Ville, quai de la Grève, quai des Ormes, quai Saint-Paul, pont d'Austerlitz, quai de la Râpée, Bercy.
Bureau de la rue Bertin-Poirée, par les Hirondelles (p. 27) : barrière Saint-Jacques, barrière Rochechouart.
Bureau du pont de la Réforme, par les Parisiennes (p. 29) : barrières du Maine et de Vaugirard, la barr. du Trône, la Bastille, le Carrousel.
Même bureau, par les Hirondelles (p. 27) : rue Mouffetard ou place Cadet.
Bureau d'attente au pont Marie,
Mêmes correspondances au retour.
En plus, au bureau du Louvre : l'Etoile, Neuilly (p. 14), Filles-du-Calvaire (p. 9), Roule, Monceaux, Odéon, barrière Blanche (p. 13), Passy (p. 19) ; et par

les Tricycles (p. 19), barrière de Sèvres, chemin de fer de Versailles, rive gauche, avec suppl. Asnière, Argenteuil.

DILIGENTES

Allant de la barrière Charenton à la Chaussée-d'Antin et au chemin de fer de Lyon (lumière orange et verte).

Trajet direct de cette ligne : barrière Charenton, faubourg Saint-Antoine, place de la Bastille, rue Saint-Antoine, rue Renaud-Lefèbre, marché Saint-Jean, rue de la Verrerie, rue des Lombards, rue de l'Aiguillerie, place Sainte-Opportune, rue de la Ferronnerie, rue Saint-Honoré, Palais-Royal, marché Saint-Honoré, rue d'Antin, rue Neuve-Saint-Augustin, rue Louis-le-Grand, rue de la Chaussée-d'Antin.

Bureau place de la Bastille, par les Omnibus : Père-Lachaise (p. 12), Bercy, Grande-Pinte (p. 15), le Trône, ou le Carrousel (p. 7), la porte Saint-Martin, porte Saint-Denis, tous les boulevards, chemin de fer (rive droite) (p. 15), Monceaux, et les Béarnaises (p. 23), place de la Bastille, avec suppl. Asnières et Argenteuil.

Bureau marché Saint-Jean, par les Hirondelles (p. 28) : l'île Saint Louis, Mouffetard, ou porte Saint-Martin, place Cadet.

Bureau rue de l'Arbre-Sec, par les Parisiennes : le boulevard du Temple ou celui de Mont-Parnasse et le Roule (p. 29), barrières Saint-Jacques et Rochechouart.

Bureau rue Saint-Honoré, 202, par les Dames-Réunies (p. 18) : Grenelle, l'église Saint-Laurent, Auteuil, Boulogne, Saint-Cloud, Neuilly, Asnières et Argenteuil.

Bureau du Carrousel, pour la barrière Blanche, l'Odéon (p. 13) et Passy.

Bureau rue du 29 Juillet, par les Omnibus des Filles-du-Calvaire : le Roule ou boulevard des Filles-du-Calvaire (p. 9), le Carrousel, avec suppl. Asnière et Argenteuil (p. 11).

Bureau rue d'Antin : pour le chemin de fer de Rouen, Monceaux, avec suppl. pour Asnières et Argenteuil (p. 11).

Mêmes correspondances pour le retour, et avec supplément pour Vincennes, Saint-Maur, Fontenay-sous-Bois, Charenton, Creteil et Boissy-St.-Léger (p. 17).

A la Chaussée-d'Antin, elle donne la corresp. avec les Batignollaises (p. 25).

BUREAU CENTRAL DE LA

COMPAGNIE GÉNÉRALE DES OMNIBUS

Place du Carrousel.

De cette station l'on peut aller à Monceaux, Asnière, Argenteuil, chemin de fer (rive droite), la Madeleine, rue du Rocher, boulevard des Italiens, place de la Bourse, toute la rue Richelieu, Notre-Dame-de-Lorette et la barrière Blanche, la Croix-Rouge, place Saint-Sulpice et Luxembourg, tous les quais, Pont-Neuf, Palais-de-Justice, Hôtel-de-Ville, rue Saint-Antoine, la Bastille et barrière du Trône, Passy, barrière du Roule, les Filles-du-Calvaire, tout le faubourg Saint-Germain et le Père-Lachaise. Avec supplément : Auteuil, Boulogne et Saint-Cloud. Donne aussi la correspondance pour les voitures appartenant à la Compagnie qui parcourent les environs de Paris, pour Vincennes, Saint-Maur, Fontenay-sous-Bois, Nogent-sur-

Marne, Joinville, Saint-Mandé, port de Créteil, Charenton, Gravelle, Alfort, Maisons, Colonies, Bonneuil, Boissy-Saint-Léger, Sucy, la Varenne. Toutes ces petites voitures correspondent avec les voitures omnibus de divers lignes appartenant à cette Compagnie, avec supplément. Station : boulevard Beaumarchais, 10. Par les Diligentes, à la barrière Charenton et pour Champigny, Choisy-le-Grand et Brie-sur-Marne, toutes les demi-heures.

DAMES-RÉUNIES

Allant de Grenelle à Saint-Laurent (lumière incolore).

Trajet direct de cette ligne : Grenelle, l'École-Militaire, rue de la Bourdonnaie, avenue de la Mothe-Piquet, les Invalides, rue de Grenelle, rue de Belle-Chasse, rue Saint-Dominique, rue du Bac, pont Royal, place du Carrousel, rue Saint-Thomas-du-Louvre, Palais-Royal, rue Saint-Honoré, rue Grenelle-Saint-Honoré, rue Coquillière, rue des Vieux-Augustins, rue Montmartre, boulevard et faubourg Poissonnière, rue de l'Echiquier, rue Hauteville, rue des Petites-Ecuries, rue Martel, rue de Paradis, rue de la Fidélité, église Saint-Laurent.

Bureau r. St-Dominique, par les Béarnaises : St-Sulpice, île St-Louis, la Bastille.

Bureau de la rue Saint-Honoré, 202, par les Diligentes : la Chaussée-d'Antin ou la Bastille, Charenton, le chemin de fer de Lyon (p. 15), la barrière du Roule avec les Gazelles (p. 26) et Batignollaises (p. 25).

Bureau d'attente rue Montmartre en face la rue Feydeau.

Bureau de la rue Saint-Laurent, par les Dames-Réunies : la Villette et Pantin.

Avec supplément : le Bourget et Aubervilliers.—Mêmes corresp. pour le retour.

DAMES-RÉUNIES

Allant de la Villette à Saint-Sulpice et au chemin de fer de Strasbourg
(lumière incolore et orange).

Trajet direct de cette ligne : la Villette, 113, rue du faubourg Saint-Martin, porte et rue Saint-Martin, rue des Arcis, rue Planche-Mibray, pont Notre-Dame, marché aux Fleurs, Palais-de-Justice, rue de la Barrillerie, pont Saint-Michel, rue Saint-André-des-Arts, carrefour Bussy, rue de l'Ancienne-Comédie, rue des Quatre-Vents, rue du Petit-Bourbon, place Saint-Sulpice.

Bureau place Saint-Sulpice, par les Parisiennes (p. 29) : pour Vaugirard seul.

Bureau du pont Saint-Michel, par les Gazelles (p. 26) : l'Entrepôt, la Gare, ou le Louvre, les Tuileries. Corresp. par les Parisiennes pour Vaugirard à St-Sulpice.

Bureau de Saint-Laurent, Dames-Réunies (p. 18) et Constantine (p. 32) : Palais-Royal, Grenelle, rue Saint-Lazare, Champs-Élysées, Longchamp et Pantin.

Mêmes correspondances pour le retour.

TRICYCLES

Allant de la barrière du Maine à la porte Saint-Denis, au chemin de fer de l'Ouest et de Versailles (rive gauche) (lumière verte).

Trajet direct de cette ligne : barrière du Maine, boulevard Mont-Parnasse, rue de

Sèvres, rue du Bac, pont Royal, place du Carrousel, rue de Chartres, Palais-Royal, rue Saint-Honoré, rue Croix-des-Petits-Champs, Banque, place des Victoires, rue des Fossés-Montmartre, rue de Cléry, boulevard Saint-Denis.

Bureau du Carrousel, par les Omnibus : l'Hôtel-de-Ville, la Bastille, le Trône (p. 7).

Même bureau, par les Omnibus : barrière Blanche ou l'Odéon (p. 13).

Même bureau, par les Omnibus : boul. des Filles-du-Calvaire ou le Roule (p. 9).

Bureau du Palais-Royal, par les Gazelles : Jardin-des-Plantes, la Gare (p. 26).

Bureau du cloître Saint-Honoré, par les Hirondelles : barrière Saint-Jacques ou Rochechouart (p. 27) et les Batignollaises pour Batignolles.

Même bureau, par les Batignollaises : Chaussée-d'Antin, Batignolles (p. 26).

Bureau du Louvre, par les Orléanaises : Bercy, Râpée (p. 15).

Bureau de la Banque, par les Omnibus : Chem. de fer (r. dr.) et de Rouen, Monceaux, la Bastille (p. 10), avec suppl. Asnières et Argenteuil.

Même bureau, par les Citadines : Belleville (p. 25).

Mêmes correspondances pour le retour.

FAVORITES

Allant de la Chapelle-Saint-Denis à la barrière d'Enfer (lumière verte et rouge)

Trajet direct : barrière Saint-Denis, rue du faubourg Saint-Denis, porte Saint-Denis, rue Saint-Denis, place du Châtelet, pont au Change, Palais-de-Justice, rue de la Barillerie, pont Saint-Michel, rue de la Vieille-Bouclerie, rue de La Harpe, place Saint-Michel, rue d'Enfer, boulevard Mont-Parnasse, boulevard d'Enfer.

Bureau du Palais-de-Justice, par les Favorites : Vaugirard ou Bains de Tivoli (p. 21).

Même bureau, par les Favorites : les Gobelins ou barrière des Martyrs (p. 22).

Même bureau, par les Favorites : place Saint-Sulpice ou le chemin de fer du Nord (p. 24).

Même bureau, par les Citadines : Belleville (p. 22).

Bureau de l'Ecole-de-Médecine pour Saint-Sulpice, Gros-Caillou.

FAVORITES

Allant de Vaugirard aux Bains de Tivoli (lumière verte et rouge).

Trajet direct : place de l'École, Vaugirard, rue de Sèvres, Croix-Rouge, rue du Dragon, rue Taranne, rue Sainte-Marguerite, rue de Bussy, rue Dauphine, Pont-Neuf, rue de la Monnaie, rue du Roule, rue Saint-Honoré, rue du Four-Saint-Honoré, marché des Prouvaires, rue Coquillière, rue Croix-des-Petits-Champs, place des Victoires, rue de la Feuillade, rue neuve des Petits-Champs, rue neuve des Capucines, rue Caumartin, rue Thiroux, rue Sainte-Croix-d'Antin, rue Saint-Lazare, Bains de Tivoli.

Bureau de la place Dauphine, par les Favorites : barrière des Martyrs ou les Gobelins (p. 22).

Même bureau, par les Favorites : chemin de fer du Nord, Saint-Sulpice (p. 22).

Même bureau, par les Citadines : Belleville (p. 24).

Bureau, rue Croix-des-Petits-Champs, pour le chemin de fer du Nord.

Mêmes correspondances pour le retour.

FAVORITES

Allant de la barrière des Martyrs aux Gobelins (lumière rouge et verte).

Trajet direct : barrière des Martyrs, rue des Martyrs, faubourg Montmartre, rue Montmartre, pointe Sainte-Eustache, rue de la Tonnellerie, rue Saint-Honoré, rue du Roule, rue de la Monnaie, Pont-Neuf, place Dauphine, quai des Orfèvres, pont et quai Saint-Michel, rue du Petit-Pont, rue Galande, place Maubert, rue Saint-Victor, rue des Fossés Saint-Marcel, rue Mouffetard, les Gobelins.

Bureau place Dauphine, par les Favorites : Chapelle-Saint-Denis ou barrière d'Enfer (p. 20).

Même bureau, par les Favorites : Vaugirard ou Bains de Tivoli (p. 21).

Même bureau, par les Favorites : chemins de fer du Nord ou Saint-Sulpice.

Même bureau, par les Citadines : Belleville (p. 24).

Mêmes correspondances pour le retour.

FAVORITES

Allant du chemin de fer du Nord à Saint-Sulpice (lumière rouge et verte).

Trajet direct : chemin de fer du Nord, rue des Abattoirs, rue neuve de la barrière Saint-Denis, rue de Lafayette, rue du Faubourg-Poissonnière, rue Bergère, rue du faubourg Montmartre, rue Vivienne, place de la Bourse, Notre-Dame des Victoires, place des Petits-Pères, rue Vide-Gousset, place des Victoires, Croix-des-Petits-Champs, rue Saint-Honoré, rue du Coq, place de l'Oratoire, place du Louvre, quai de l'École, Pont-Neuf, rue Dauphine, carrefour Bussy, rue de l'Ancienne-Comédie, rue des Quatre-Vents, rue de Seine, rue du Petit-Bourbon, place Saint-Sulpice.

Bureau au chemin de fer du Nord, par les Favorites : Chapelle-Saint-Denis, l'entrepôt du Nord (p. 22).

Bureau Croix-des-Petits-Champs, par les Favorites : Chaussée-d'Antin, Bains Tivoli, ou Vaugirard. Chemin de fer de Sceaux, Versailles ; avec supplément, Auteuil, Saint-Cloud (p. 21), Asnières, Argenteuil (p. 11), Monnaie, Bastille.

Bureau place Dauphine, par les Favorites : les Gobelins (p. 22).

Bureau place Saint-Sulpice, par les Béarnaises : la Bastille ou le Gros-Caillou.

Mêmes correspondances pour le retour.

BÉARNAISES

Allant du Gros-Caillou à la Bastille et au chemin de fer de Lyon (lumière verte).

Trajet direct : rue Saint-Dominique, Gros-Caillou, rue des Saints-Pères, rue de Grenelle, la Croix-Rouge, rue du Vieux-Colombier, place Saint-Sulpice, rue du Petit-Bourbon, rue du Petit-Lion, carrefour de l'Odéon, rue de l'École-de-Médecine, rue des Mathurins-Saint-Jacques, rue des Noyers, rue Saint-Victor, rue des Bernardins, quai de la Tournelle, rue des Deux-Ponts, île Saint-Louis, pont Marie, rue des Nonaindières, rue de Fourcy, rue Saint-Antoine, place de la Bastille.

Bureau rue Saint-Dominique, par les Dames-Réunies : Grenelle ou Saint-Laurent (p. 18).

Bureau place Saint-Sulpice, par les Favorites : la Bourse, le chemin de fer du Nord (p. 22). Par les Parisiennes : Vaugirard, barrière Poissonnière (p. 30).

Bureau rue l'Ecole-de-Médecine, par les Favorites : barrière d'Enfer ou La Chapelle (p. 20).

Bureau quai de la Tournelle, par les Gazelles : la Gare ou Palais-National (p. 26). Par les Hirondelles : place Cadet ou rue Mouffetard (p. 28).

Bureau place de la Bastille, par les Diligentes : Charenton ou Chaussée-d'Antin (p. 15).

Mêmes correspondances pour le retour.

CITADINES

Allant de Belleville à la place Dauphine (lumière violette).

Trajet direct : rue de Paris à Belleville, faubourg du Temple, rue du Temple, rue Sainte-Avoie, rue Bar-du-Bec, rue des Coquilles, rue de la Tixerandrie, place de l'Hôtel-de-Ville, quai Pelletier, pont au Change, quai de l'Horloge, rue du Harlay, place Dauphine.

Bureau place Dauphine, par les Favorites : La Chapelle ou la barrière d'Enfer (p. 20), Vaugirard ou Bains de Tivoli, les Gobelins ou barrière des Martyrs (p. 21).

Mêmes correspondances pour le retour, et avec supplément pour Romainville.

CITADINES

Allant de Belleville à la place des Petits-Pères (lumière violette).

Trajet direct : barrière de Belleville, rue faubourg du Temple, rue du Temple, rue de Notre-Dame de Nazareth, rue Neuve-Saint-Martin, rue Saint-Martin, boulevard Saint-Denis, rue Bourbon-Villeneuve, rue Neuve-Saint-Eustache, rue des Fossés-Montmartre, place des Victoires, place des Petits-Pères.

Mêmes correspondances pour le retour.

Bureau place des Petits-Pères, par les Omnibus : chemin de fer (rive droite), la Bastille (p. 22). Par les Tricycles : la barrière du Maine, chemin de fer, rive gauche (p. 19).

Mêmes correspondances au retour, avec supplément pour Romainville.

BATIGNOLLAISES

Allant des Batignolles-Monceaux à la place du Palais-Royal (lumière rouge).

Trajet direct : grande rue à Batignolles, rue de Clichy, rue Saint-Lazare, rue de la Chaussée-d'Antin, rue Louis-le-Grand, rue du Port-Mahon, carrefour Gaillon, rue Neuve-Saint-Roch, rue Saint-Honoré, Palais-Royal, cloître Saint-Honoré.

Bureau Saint-Lazare, 78, par les Constantines (p. 32) : Champs-Elysées, barrière Lonchamp, Saint-Laurent, faubourg Saint-Martin et Chaillot, pour la Bastille, les Halles et le quartier des Lombards.

Bureau rue de la Chaussée-d'Antin, 5, par les Parisiennes: la Croix-Rouge, le Panthéon ou la rue Montholon, barrière Poissonnière (p. 30).

Bureau place du Palais-National, par les Hirondelles : barrière Saint-Jacques, barrière Rochechouart (p. 27). Par les Tricycles : porte Saint-Denis ou barrière du Maine, chemin de fer (rive gauche) (p. 19). Mêmes correspondances au retour. Avec supplément on va à Saint-Denis, Saint-Ouen et Clichy-la-Garenne.

Correspondances par les Gazelles : Jardin-des-Plantes et la Gare ; par les Dames-Réunies : Saint-Laurent et Grenelle (p. 18).

GAZELLES

Allant de la barrière de la Gare à la place du Palais-Royal (lumière rouge).

Trajet direct : la Gare, quai d'Austerlitz, rue neuve de la Gare, boulevard de l'Hôpital, Jardin-des-Plantes, quai des Tournelles, quai Montholon, pont Saint-Michel, Pont-Neuf, quai de l'Ecole, place du Carrousel.

Bureau quai des Tournelles, par les Béarnaises : la Bastille ou le Gros-Caillou (p. 23). Par les Hirondelles : place Cadet ou rue Mouffetard (p. 29).

Bureau quai Saint-Michel, par les Parisiennes : barrière Vaugirard, place Saint-Sulpice (p. 31). Par les Hirondelles, quartiers Saint-Jacques et Rochechouart, place Cadet (p. 28).

Deuxième bureau pont Saint-Michel, par les Dames-Réunies : la Villette, le chemin de fer de Strasbourg et Saint-Sulpice.

Bureau Carrousel, par les Tricycles (p. 19) : barrière du Maine, chemin de fer (rive gauche), ou la Banque, porte Saint-Denis, Auteuil, Boulogne et Saint-Cloud.

Bureau place du Palais-National, par les Batignollaises (p. 25) : pour Batignolles-Monceaux ; avec supplément, à Vitry, Rocy, Port-à-l'Anglais.

HIRONDELLES

Allant de la barrière Rochechouart à la barrière Saint-Jacques (lumière orange).

Trajet direct de cette ligne : barr. Rochechouart, rue et place Cadet, rue du-Faubourg-Montmartre, boul. Montmartre, rue Vivienne, rue Neuve-des-Petits-Champs, rue Neuve-des-Bons-Enfants, rue Saint-Honoré, rue de l'Arbre-Sec, quai de l'École, quai de la Mégisserie, pont au Change, rue de la Barillerie, pont et quai Saint-Michel, rue du Petit-Pont, rue Saint-Jacques, rue des Mathurins-Saint-Jacques, rue de la Sorbonne, rue de Cluny, rue des Cordiers, rue du faubourg-Saint-Jacques, boulevard Saint-Jacques.

Bureau, place Cadet, correspondance pour la Porte-St.-Martin, rue Rambuteau, Marché-St.-Jean, Ile-St.-Louis, l'entrepôt, Jardin-du-Roi, rue Mouffetard (p. 28).

Bureau de la rue Richer, correspondances avec les Parisiennes (p. 30).

Bureau du cloître Saint-Honoré, par les Tricycles : porte Saint-Denis, ou barrière du Maine, chemin de fer (rive gauche) et Batignolles (p. 19).

Bureau de la rue de l'Arbre-Sec, par les Parisiennes : boulevard du Temple ou Mont-Parnasse, Chaussée-d'Antin, chemin de fer de Lyon, barrière de Charenton, le faub. du Roule ou le boulevard des Filles-du-Calvaire (p. 9).

Bureau rue Bertin-Poirée, avec les omnibus : pour Bercy, la barrière du Trône, les quais, le Carrousel et le Louvre (p. 7)

Bureau du pont Saint-Michel, par les Dames-Réunies et Gazelles : la Gare ou la rue des Pyramides, la Villette et le chemin de fer de Strasbourg (p. 19). Par les Parisiennes pour Vaugirard et le pont de la Réforme.

Mêmes correspondances au retour.

HIRONDELLES

Allant de la place Cadet à la rue Mouffetard (lumière orange).

Trajet direct de cette ligne : place Cadet, rue Bleue, rue du Faubourg-Poissonnière, rue des Petites-Écuries, rue du Faubourg-Saint-Denis, boulevard Saint-Denis, porte Saint-Martin, rue Saint-Martin, rue Rambuteau, rue Sainte-Avoie, rue Sainte-Croix-de-la-Bretonnerie, rue Bourtibourg, marché Saint-Jean, rue Saint-Antoine, rue du Pont-Louis-Philippe, les quais, pont Marie, rue des Deux-Ponts, île Saint-Louis, quai de la Tournelle, rue des Fossés-Saint-Bernard, rue Saint-Victor, rue du Jardin-du-Roi, rue du Fer-à-Moulin, rue Mouffetard.

Bureau du faubourg Poissonnière, par les Parisiennes : pour la Madeleine, le faubourg Saint-Germain, la place Vendôme, la place Saint-Sulpice et le Panthéon.

Bureau de la porte Saint-Martin, par les Omnibus : la Bastille (p. 5).

Bureau de la rue Rambuteau, par les Omnibus : place du Havre, chemin de fer (rive droite), chemin de fer de Rouen, Monceaux ou la Bastille (p. 11), avec suppl. Asnières et Argenteuil.

Correspondance à la Porte-Saint-Denis, passage du Bois-de-Boulogne, pour Saint-Denis et La Chapelle.

Bureau du Marché-Saint-Jean, par les Diligentes : Chaussée-d'Antin ou la Bastille, Charenton et chemin de fer de Lyon (p. 15).

Bureau du du Pont-Louis-Philippe, par les Orléanaises : Bercy ou le Louvre, et par les Omnibus : barrière du Trône et le Carrousel (p. 7).

Même bureau, par les Parisiennes : Vaugirard (p. 31).

Bureau du quartier de la Tournelle, par les Gazelles : la Gare ou la rue des Pyramides (p. 26).

Même bureau, par les Béarnaises : la Bastille ou le Gros-Caillou (p. 23).

Mêmes correspondances pour le retour.

PARISIENNES

Allant de la barrière Mont-Parnasse au boulevard du Temple (lumière orange et rouge).

Trajet direct de cette ligne : barrière Mont-Parnasse, rue du Mont-Parnasse, rue Notre-Dame-des-Champs, rue du Regard, du Cherche-Midi, la Croix-Rouge, rue de Grenelle, rue des Saints-Pères, rue Taranne, rue Saint-Benoît, rue Jacob, rue des Petits-Augustins, quai Malaquais, quai Conti, Pont-Neuf, quai de l'École, rue de l'Arbre-Sec, rue Saint-Honoré, rue de Grenelle-Saint-Honoré, rue Coquillière, rue Croix-des-Petits-Champs, place des Victoires, rue des Fossés-Montmartre, rue

Neuve-Saint-Eustache, rue Bourbon-Villeneuve, boulevard Saint-Denis, boulevard Saint-Martin, boulevard du Temple.

Bureau de la rue de Grenelle, par les Parisiennes : pour le Panthéon ou rue Montholon, barrière Poissonnière, pont de la Concorde (p. 30).

Bureau de la rue de Vaugirard, par les Parisiennes, donne la correspondance pour Vaugirard (p. 31).

Bureau de la rue de l'Arbre-Sec, par les Diligentes : la Bastille, Charenton ou la Chaussée-d'Antin et le chemin de fer de Lyon (p. 16), le Roule et les Filles-du-Calvaire.

Même bur., par les Hirondelles : place Cadet, b. Rochechouart ou b. St-Jacques.

Bureau rue Croix-des-Petits-Champs, correspondance avec Passy, Auteuil et Saint-Clond avec supplément rue du Bouloy, 9.

Bureau du boulevard Saint-Denis, donne la correspondance pour Saint-Denis et La Chapelle.

Bureau du b. du Temple, par les Omnibus : la Bastille ou la Madeleine (p, 5).

Mêmes correspondances pour le retour.

PARISIENNES

Allant du Panthéon à la rue Montholon et barrière Poissonnière.

Trajet direct de cette ligne : rue Saint-Jacques, rue Saint-Dominique d'Enfer, rue d'Enfer, place Saint-Michel, rue des Francs-Bourgeois, rue Monsieur-le-Prince, rue Racine, place l'Odéon, rue des Quatre-Vents, rue du Petit-Bourbon, place Saint-Sulpice, rue des Canettes, rue du Four-Saint-Germain, Croix-Rouge, rue de Grenelle-Saint-Germain, rue de Bourgogne, Chambre des Députés, place de la Concorde, rue Royale-Saint-Honoré, rue Saint-Honoré, place Vendôme, rue de la Paix, boulevard des Capucines, rue de la Chaussée-d'Antin, rue de Provence, rue Richer, rue Trévise, rue Bleue, rue Riboutté, rue Montholon, barrière Poissonnière.

Bureau du Panthéon, par les Hirondelles : barrière Saint-Jacques.

Bureau du faub. Poissonnière, par les Hirondelles : b. St-Jacques et pl. Cadet.

Bureau de la place Saint-Sulpice, 6 par les Parisiennes : Vaugirard ou pont de la Réforme.

Même bureau, par les Béarnaises : île Saint-Louis, la Bastille ou le Gros-Caillou (p. 23).

Bureau de la rue de Grenelle-Saint-Germain, par les Parisiennes : Mont-Par-nasse ou boulevard du Temple (p. 29).

Bureau de la rue Royale-Saint-Honoré, par les Omnibus : barrière du Roule, pont de Neuilly (p. 9), Monceaux, la Bastille, avec suppl. Asnières et Argenteuil (p 11).

Bureau de la rue de la Chaussée-d'Antin, 5, par les Batignollaises : Batignolles ou le Palais-Royal, cloître Saint-Honoré (p. 26).

Bureau rue Richer, correspondance avec les Hirondelles (p. 27).

Bureau du faub. Poissonnière, par les Hirondelles : les Gobelins, l'Ile-St-Louis, la Porte St-Martin, le Jardin-des-Plantes, la rue Mouffetard et la pl. Cadet (p. 28).

Mêmes correspondances pour le retour.

PARISIENNES

Allant de Vaugirard au pont de la Réforme (lumière orange et rouge).

Trajet direct : grande rue de Vaugirard, barrière de Vaugirard, rue de Vaugirard, rue Notre-Dame-des-Champs, rue du Regard, rue du Pot-de-Fer, place Saint-Sulpice, rue du Petit-Bourbon, rue de Seine, place Conti, marché de la Vallée, quai Saint-Michel, pont Saint-Michel, rue de la Cité, rue du Pont-Louis-Philippe, pont Louis-Philippe, quai de la Grève.

Bureau place Saint-Sulpice, par les Parisiennes : le Panthéon ou rue Montholon, barrière Poissonnière (p. 29).

Même bureau, par les Béarnaises : île Saint-Louis ou le Gros-Caillou (p. 23).

Bureau rue du Regard ; cette voiture conduit à Meudon, Sèvres et Parc Saint-Cloud, avec supplément arrivant à Vaugirard.

Bureau quai de la Grève, par les Omnibus : le Trône, ou le Carrousel (p. 7).

Même bureau, par les Orléanaises : Bercy ou le Louvre (p. 14) ; et par les Hirondelles : place Cadet et rue Mouffetard (p. 28).

Bureau du quai Saint-Michel, par les Gazelles : le Jardin du Roi ou le Jardin des Plantes, les Tuileries, rue de Rivoli (p. 26) ; par les Hirondelles : rue Saint-Jacques, la place Cadet, Château-Rouge (p. 27).

Même bureau, par les Dames-Réunies : La Villette et le chemin de fer de Strasbourg seulement (p. 19).

Bureau du pont de la Réforme, par les Hirondelles : r. Mouffetard et la pl. Cadet.

Retour, avec suppl., l'on va jusqu'à Issy, Vanves, Meudon, Sèvres, parc S.-Cloud.

CONSTANTINES

Allant de la barrière Lonchamp au faubourg Saint-Martin (lumière orange et verte).

Trajet direct: barrière Lonchamp, rue de Lonchamp, rue de Chaillot, avenue des Champs-Elysées, avenue de Marigny, place Beauveau, rue du Faubourg-Saint-Honoré, rue de la Madeleine, rue Neuve-des-Mathurins, rue de l'Arcade, rue Saint-Lazare, église Notre-Dame de Lorette, rue Coquenard, rue Montholon, rue Papillon, rue de Paradis-Poissonnière, place de la Fidélité, église Saint-Laurent, faubourg Saint-Martin, au boulevard, Champs-Elysées, correspondance par les Orléanaises pour Neuilly et le Louvre.

Bureau de la place du Havre: pour le Marais, la Banque, la place Royale et la Bastille et le chemin de fer de Lyon (p. 11) Monceaux, avec suppl. Asnières et Argenteuil.

Bureau r. S.-Lazare, 78, par les Batignollaises: Batignolles ou cloître S.-Honoré.

Bureau faubourg Saint-Martin, par les Dames-Réunies: la Villette, St-Sulpice et le chemin de fer de Strasbourg (p. 19).

Mêmes correspondances au retour. Barrière de Chaillot, corresp. pour Passy.

EXCELLENTES

Allant de la barrière de l'Etoile à Belleville par les boulevards extérieurs.

N'ont pas de correspondance.

VOITURES CONDUISANT AUX ENVIRONS DE PARIS.

Rue Dauphine, 36, passage Dauphine.

Voitures pour Châtillon, Fontenay-aux-Roses, départ à 11 heures du matin, 4 et 8 heures du soir.

Rue de Grenelle-Saint-Honoré, 55.

Voitures pour Montrouge à 9 heures et demie du matin, et de 15 minutes en 15 minutes jusqu'à la nuit.

Quai Napoléon, 29.

Voitures pour Bicêtre et Ivry à 9 h. du matin, et d'heure en heure de la journée.

Place Dauphine, 5.

Voitures pour Choisy-le-Roi à 7 heures du matin, ensuite d'heure en heure jusqu'à la nuit.

Pour Saint-Denis, passage du Bois-de-Boulogne, 12.

Départ à 7 heures du matin, ensuite de 20 minutes en 20 minutes. Enghien, Montmorency, 8 heures du matin, ensuite de 2 heures en 2 heures.

Rue de Rivoli, 4.

Gondoles pour Sèvres, Neuilly, Courbevoie, Puteau, Suresne; premier départ à 8 heures du matin, et de 15 minutes en 15 minutes jusqu'à 12 heures du soir.

Id. même bur. pour Passy, l'une par la barrière de l'Etoile, et l'autre par Chaillot.

Place du Carrousel, hôtel de Nantes.

Voitures pour Saint-Cloud, Auteuil, Boulogne; premier départ à 9 heures du matin, et de 30 minutes en 30 minutes jusqu'au soir.

Cabriolets Coucous, porte Saint-Denis.

Pour aller à Saint-Denis, la Cour-Neuve-Epinay et les environs.

Place des Chartreux, rue d'Enfer, Coucous.

Allant à Arcueil, Bourg-la-Reine, Lay, Berny, Antony, Verrière, Massy, Palaiseau.

Place du Palais-National.

Clichy-la-Garenne, la gare de Saint-Ouen, St-Denis, départ de 8 à 10 h. du soir.

Voitures spéciales pour le service des bateaux-postes.

Passage du Bois-de-Boulogne, porte Saint-Denis, départ à 7 heures du matin et 3 heures du soir.

Voitures pour le Bourget.

A l'administration des Dames-Réunies, à la Villette, toutes les heures; rue des Prouvaires, pour Ménilmontant. Place du Palais-National, voitures pour Vitry, Rocy, Port-à-l'Anglais, 8 h. du matin à 10 h. du soir.

Voitures de Montfermeil.

Rue Sainte-Appoline, 32, Pontieu, Bondy, Chelles, Montfermeil, toutes les 2 h.

Rue du Verbois.

Voitures pour Saint-Denis, la Chapelle, Gonesse, toutes les 2 heures.

Au Plat d'Étain, près la porte Saint-Martin.

Voitures pour Créteil, Vincennes, Saint-Maur, Nogent, Fontenay-sous-Bois, Boissy-Saint-Léger, Sucy, Chelles, Lagny, 7 heures et 4 du soir; les autres voitures toutes les heures. Voitures pour Château-Thierry en 8 h., et Epernay en 14 h.

Prés-Saint-Gervais, 9 heures et 11 heures du matin; 1 heure, 3 heures, 5 heures et 9 heures du soir. Louvres, 4 heures du matin, 12 heures, 4 heures et 7 heures du soir.

Livry, Montfermeil, 2 départs par jour, 8 heures du matin et 4 heures du soir.

Rue Croix-des-Petits-Champs, 50.

Toutes les 30 minutes on y trouve des voitures pour Auteuil, Boulogne et Saint-Cloud; les dimanches, elles partent toutes les 20 minutes de la journée.

Place du Marché-Saint-Jean.

Brunoy.

Boulevard Baumarchais, 10.

Voitures de Champigny, départ toutes les 2 heures jusqu'à 10 heures du soir.

Rue du Faubourg-Saint-Denis, 12.

Départs pour Villiers-le-Bel, Sarcelles et Ecouen, 9 h., 11 h., 3 h., 6 h. Pour Montmorency, Groslay, Pierrefitte, 9 h., 11 h., 4 h., 6 h. Saint-Denis toutes les demi-heures.

Rue du Faubourg-Saint-Denis, 51, et rue d'Enghien, 4.

Senlis, à 3 heures; Luzarches, 3 heures; Compiègne, Noyon, Chauny et Lafère, à 9 heures du soir.

Carré Saint-Martin, 256.

Chantilly, 3 h. 1[2 soir; Livry, 8 h., midi, 4 h., 7 h.; Tremblay, Servan, Vilepaute, Moux, 4 h. soir.

BATEAUX A VAPEUR.

Bateaux à vapeur de Paris à Saint-Cloud, au pont Royal, grand escalier.

Départ à 9 heures, 11 heures du matin, 2 heures, 4 heures et 6 heures du soir.

Bateaux à vapeur les PARISIENS, quai de la Grève, 60.

Pour Corbeil, Melun, Fontainebleau, Montereau, Nangis, Provins, Bray, Egreville, Sens, Joigny, Tonnerre, Auxerre, Avallon, Rouvray, Saulieu, Arnay-le-Duc, Châlon-sur-Saône et Lyon; départ à 7 heures un quart du matin.

BATEAUX-POSTES.

A la Villette.

Pour Meaux, La Ferté-sous-Jouarre et toute la Brie.

TARIF DES VOITURES DE PLACE.

DÉSIGNATION DES VOITURES.	INTÉRIEUR DE PARIS. De 6 heures du matin à minuit. la course.	la première heure.	les heures suivantes.	INTÉRIEUR DE PARIS. De minuit à 6 h. du matin. la course.	l'heure.	EXTÉRIEUR DE PARIS, dans le ressort de la préfecture de police. En dedans du mur d'enc. fortifications. l'heure.	En dehors du mur d'enc. fortifications. l'heure.
Fiacre à 2 ch. ord. et sup.	1 50	2 25	2 »	2 »	3 »	2 50	3 »
Coupés et petit fiacre à 4 pl. à 1 ou 2 chevaux....	1 25	1 75	1 65	1 65	2 50	2 »	2 50
Cabriolets à 2 ou 4 roues.	1 »	1 50	1 25	1 65	2 50	1 75	2 25

Dispositions communes aux diverses parties du présent tarif.

Tout cocher pris sur une station de voitures ou sur quelque autre point de la voie publique que ce soit, sera tenu de marcher à toute réquisition.

Tout cocher qui aura été appelé pour aller chercher quelqu'un à domicile, et qui sera renvoyé sans être employé, recevra, à titre d'indemnité de déplacement, le prix d'une demi-course, calculé d'après les prix établis dans l'intérieur de Paris.

Tout cocher qui, en se rendant à une station de voitures, ou lorsqu'il se trouvera hors de place, chargera, soit pour l'intérieur soit pour l'extérieur de Paris, sera censé avoir été pris sur une station. Il ne pourra, dans aucun cas, exiger un salaire plus élevé que celui qui est déterminé par le présent tarif.

CHEMIN DE FER RIVE DROITE.

30 centimes. (OMNIBUS SPÉCIAUX.) 30 centimes.

Stations dans Paris.

Carrousel, au coin de la rue de Chartres. — Deux départs par heure (aux 10 minutes et aux 50 minutes), de 7 h. 10 matin à 10 h. 10 soir; de 7 h. 50 matin à 9 h. 50 soir.

La Halle, cour Batave, rue Saint-Denis, 122. — Départs toutes les heures de 9 heures du matin à 10 heures du soir.

Bourse, cour des Messageries royales, rue Montmartre, 109. — Départs toutes les heures, de 7 h. 10 du matin à 9 h. 10 du soir.

Boulevard St-Denis, 18, cité d'Orléans. — Départs toutes les heures, de 7 h. 5 du matin à 10 h. 5 du soir.

Itinéraire des Omnibus en partant de la gare de Paris.

Carrousel, par les rues Tronchet, Duphot, Saint-Honoré, *place du Palais-Royal* et rue de Chartres.

Pont-Neuf, par les rues de la Ferme, de Sèze, Neuve-des-Capucines, Neuve-des-Petits-Champs, BANQUE DE FRANCE, rues Croix-des-Petits-Champs, Saint-Honoré, de l'Arbre-Sec, Pont-Neuf, Palais-de-Justice.

Bourse, par les rues de la Ferme, de Sèze, Neuve-Saint-Augustin, carrefour Gaillon, rue des Filles-Saint-Thomas, LA BOURSE et les Messageries royales.

La Halle, par les rues de la Chaussée-d'Antin, de Provence, Taitbout, la place des Italiens, rue

Richelieu, rue et place de la Bourse, rues Joquelet, Montmartre, Mandar, Montorgueil, Mauconseil et St-Denis (cour Batave, 122)

Cité d'Orléans, par les rues de la Ferme, de Sèze, les boulevards, la porte Saint-Denis.

A Saint-Germain, gare du Château.

Pour l'intérieur de Saint-Germain.......................... 10 centimes.
Pour Poissy.. 15 »

A Versailles, rue de l'Orangerie, 57.

Gratis la semaine, de l'intérieur de Versailles à l'embarcadère. — 25 centimes au retour de l'embarcadère. Le dimanche, 25 centimes aller et retour.

CHEMIN DE FER RIVE GAUCHE, CHARTRES ET STASBOURG.

30 centimes. (OMNIBUS SPÉCIAUX.) 30 centimes.

Stations dans Paris.

(On peut y déposer tous bagages et articles de messageries.)

Carrousel, hôtel de Nantes. — Départs toutes les heures de convois depuis 7 heures et demie du matin jusqu'à 9 heures et demie du soir pour Chartres et Strasbourg.

Bourse, rue Feydeau, 5. — Départs toutes les heures, depuis 7 heures 25 minutes du matin jusqu'à 9 heures 25 minutes du soir voitures pour Chartres.

Saint-Sulpice, Rue du Vieux-Colombier, 6, à côté de la place. — Départs toutes les heures, depuis 7 heures 40 minutes du matin jusqu'à 9 heures 10 minutes du soir pour Chartres et Strasbourg.

Itinéraire en partant de la Gare du Maine : *chaussée du Maine, rues de Vaugirard, de Madame, de Mézières, du Pot-de-Fer, du Vieux-Colombier.*

Palais-de-Justice, Place du Palais, 1. — Départs toutes les heures depuis 7 heures 30 minutes du matin jusqu'à 9 heures 30 minutes du soir pour Chartres.

Itinéraire en partant de la Gare du Maine: *chaussée du Maine, rue de Vaugirard, place St-Sulpice, rues de Seine, de Bussy, Saint-André-des-Arts, pont Saint-Michel.*

Porte Saint-Martin, rue Saint-Martin, 256. — Départs toutes les heures, depuis 7 heures 15 minutes du matin jusqu'à 9 heures 15 minutes du soir pour Chartres.

Itinéraire en partant de la gare du Maine : *chaussée du Maine, rue du Cherche-Midi, Croix-Rouge, rues du Four, de Bussy, Dauphine, Pont-Neuf, rues du Roule, des Prouvaires, pointe Saint-Eustache, rues Montorgueil, Petit-Lion-St-Sauveur, St-Denis, du Ponceau, St-Martin.*

Avis intéressant. — A l'arrivée de chaque convoi, les voyageurs trouveront des CABRIOLETS et une VOITURE DE REMISE, tant à la Gare de Paris qu'à celle de Versailles.

L'on trouve aussi un bureau d'Omnibus pour le chemin de fer de Strasbourg aux Messageries Générales et Nationales.

Prix à Versailles. — CABRIOLETS : La course, 1 fr. Première heure, 1 fr. 25 c. Deuxième heure et suivantes, 1 fr — CARROSSES : La course, 1 fr. 50. c. Première heure, 2 fr 25. c. Deuxième heure et suivantes, 1 fr. 75 c.

CHEMINS DE FER D'ORLÉANS ET DE CORBEIL.

30 centimes. (OMNIBUS SPÉCIAUX.) 30 centimes.

Stations dans Paris.

Ligne du Palais-Royal. — Rue du Bouloi, 22. — Succursale des Messageries Caillard et Ce. — *Itinéraire:* quai St-Bernard, de la Tournelle, place Notre-Dame, Hôtel-de-Ville, quai de la Mégisserie, Pont-Neuf, rue du Bouloi.

Ligne de la Bourse. — Cour des Messageries Nationales. — *Itinéraire :* quai St-Bernard, de la Tournelle, Palais-de-Justice, place du Châtelet, rues St-Denis, du Caire, Neuve-St-Eustache, Montmartre, cour des Messageries Royales.

Ligne de la Chaussée-d'Antin. — Rue Grange-Batelière. — *Itinéraire:* quai St-Bernard, pont St-Michel, quai des Orfévres, Pont-Neuf, rue St-Honoré, place du Palais-Royal, rue de Richelieu, boulevard des Italiens, rue Grange-Batelière, 4.

Ligne de la porte St-Martin. — Impasse de la Planchette. — *Itinéraire :* pont de la Tournelle, île St-Louis, rues St-Antoine, Culture-Ste-Catherine, du Parc-Royal, St-Louis, Bouchera, Charlot, boulevard du Temple, porte St-Martin, rue St-Martin, hôtel de l'Union, près le Plat d'Etain.

Ligne du Faubourg St.-Germain, place St.-Sulpice, 12, et rue du Bac, 115. — *Itinéraire:* quai de la Tournelle, pont St-Michel, rue St-André-des-Arts, carrefour Bussy, rue de Seine, place St-Sulpice, Croix-Rouge, rue de Sèvres, rue du Bac, 115.

NOTA. On délivre dans ces bureaux des billets pour les services en correspondance auxdits chemins de fer.

Omnibus pour la ligne de Lyon. — Rue du Bouloi, 22; Messageries Nationales; rue Saint-Denis, 121; place Saint-Sulpice.

CHEMIN DE FER DU NORD.

30 centimes. (OMNIBUS SPÉCIAUX.) 30 centimes.

Stations dans Paris.

Rue du Bouloy, 22; cour des Messageries Nationales; rue Saint-Denis, 122, cour Batave, porte Saint-Martin, impasse de la Planchette, rue Contrescarpe-Dauphine, rue Saint-Honoré, 323, hôtel Vantini, rue du Bac, 15, rue et hôtel Saint-Paul, 40, rue des Filles-Saint-Thomas, 18, hôtel d'Angleterre, rue de Rivoli, hôtel Meurice, rue Chauveau-Lagarde, 3, hôtel Victoria, rue Fontaine-Molière, 22, hôtel Bristol, rue du Four-Saint-Honoré, hôtel de la Mayenne, rue de l'Arcade, hôtel Bedfort, faubourg Poissonnière, passage et hôtel Violet, rue de la Ferme-des-Mathurins, 40.

Les huit dernières stations ne desservent que les trains d'Amiens et au-delà.

Rue Saint-Martin, 247, hôtel du Petit-Saint-Martin, rue de la Jussienne, 25, bureau de Mme Mainot, cour des Messageries Royales, rue et hôtel Saint-Paul, 40, place du Carrousel, hôtel de Nantes, place Saint-Sulpice, rue du Vieux-Colombier, 6.

Des voitures spéciales desservent le chemin de fer à tous les départs et à toutes les arrivées, et transportent, de leurs diverses stations à la gare et de la gare à ces stations, les voyageurs et leurs bagages.

Prix des places : 30 c. par place; 30 c. par colis de 15 kil. Au-dessus de 30 kil., 1 c. par kil.

Omnibus conduisant ou prenant à domicile: 75 c. par place; 30 c. par colis de 30 kil.

Une famille peut retenir un omnibus pour elle seule, en en faisant la demande quelques heures d'avance dans un des bureaux ou à l'embarcadère.

Tous ces bureaux reçoivent et font prendre à domicile les bagages et les articles de messagerie d[illegible]nés à la grande vitesse.

A Rouen, au Havre et aux principales stations, omnibus spéciaux desservant le chemin de fer.

EMBARCADÈRES DES CHEMINS DE FER A PARIS.

Lignes de Rouen — du Hâvre — de Dieppe — de Saint-Germain — et de Versailles (rive droite)

Embarcadère, rue d'Amsterdam.

Lignes de Corbeil — d'Orléans — et du Centre.

Embarcadère, boulevart de l'Hôpital.

Ligne d'Orléans à Bordeaux.

Embarcadère, boulevart de l'Hôpital.

Ligne de Tours à Nantes.

Embarcadère, boulevart de l'Hôpital.

Ligne du Nord.

Embarcadère, place du Nord.

Ligne de Strasbourg.

Embarcadère, rue Neuve-de-Chabrol.

Ligne de Lyon et de Troyes.

Embarcadère, boulevart Massas.

Lignes de Chartres — et de Versailles (rive gauche).

Embarcadère, barrière du Maine.

Ligne de Sceaux.

Embarcadère, barrière d'Enfer.

PRIX DES CHEMINS DE FER.

De Paris à Corbeil : première classe, 3 fr.; deuxième, 2 fr. 10 c.; troisième, 1 fr. 60 c. — De Paris à Orléans : première classe, 12 fr. 60; deuxième, 9 fr. 50 c.; troisième, 7 fr. 05 c.; quatrième, 6 fr. 35 c. — *Ligne d'Orléans à Tours :* prem. classe, 11 fr. 85 c.; deux., 8 fr. 95 c.; trois., 6 fr. 65 c. — *Ligne d'Orléans à Bourges et Châteauroux;* pour Bourges : prem. classe, 11 fr. 55 c.; deux., 8 fr. 70 c.; trois., 6 fr. 45. Pour Châteauroux : prem. classe, 14 fr. 90 c.; deux., 11 fr. 20 c.; trois., 8 fr. 30 c. — *Ligne du Nord*, prix des places, de Paris à Douai : prem. classe, 24 fr. 90 c.; deux., 18 fr. 75 c.; trois., 13 fr. 90 c. — De Paris à Compiègne : 9 fr., 7 fr. et 5 fr. — De Paris à Pontoise : 3 fr., 2 fr. 25 c. et 1 fr. 65 c. — De Paris à Beaumont : 4 fr., 3 fr. et 2 fr. 50 c. — De Paris à Creil : 6 fr., 4 fr. 50 c. et 3 fr. 25. — Pont-Saint-Maxence : 7 fr. 25 c., 5 fr. 50 c. et 4 fr. — Clermont : 8 fr., 5 fr. 50 c. et 4 fr. — De Paris à Amiens : 15 fr. 30 c., 11 fr. 50 c. et 8 fr. 55 c. — De Paris à Albert, 18 fr. 50 c., 13 fr. 90 c. et 10 fr. 35 c. — De Paris à Arras : 22 fr. 20 c., 16 fr. 70 c. et 12 fr. 40 c. — De Paris à Lille : 28 fr. 20 c., 21 fr. 25 c. et 15 fr. 75. — De Paris à Malines : 38 fr. et 28 fr. 50 c. — De Paris à Ostende : 38 fr. et 28 fr. 75 c. — De Paris à Valenciennes : 28 fr. 60 c., 21 fr. 55 c. et 16 fr. — De Paris à Charleroy : 35 fr. 75 c. et 27 fr. — De Paris à Namur : 38 fr. 25 c. et 28 fr. 75 c. — *De Paris à Bruxelles :* 35 fr. 75 c. et 27 fr. — De Paris à Aix-la-Chapelle : 45 fr. 45 c. et 37 fr. 75 c. — *De Paris à Cologne :* 56 fr. 95 c. et 45 fr. 25 c. — De Paris à Abbeville : 19 fr. 95 c., 15 fr. et 11 fr. 15 c. — *Ligne de Paris à Rouen :* 16 fr., 13 fr. et 10 fr. — *Ligne de Paris au Hâvre :* 26 fr. 50 c., 20 fr. 50 c. et 15 fr. 50 c. — *Ligne de Paris à Saint-Germain :* 2 fr., 1 fr. 50 c., 1 fr. 25 c.; les dimanches et fêtes le prix est : coupé, 2 fr. 25 c.; dilig., 2 fr.; wagons, 1 fr. 65 c. Places retenues : coupé, 2 fr. 50 c.; dilig., 2 fr. 25 c. — *Ligne de Paris à Versailles, rive droite :* coupé, 2 fr.; dilig., 1 fr. 50 c.; wagons, 1 fr. 25 c. *Rive gauche*, même prix. — *Ligne de Paris à Sceaux :* 1 fr.; 90 c.; 60 c.; 45 c. Les dimanches et fêtes le prix est : 1 fr. 25 c.; 1 fr.; 75 c.; 50 c.

ENTREPRISE GÉNÉRALE DES OMNIBUS.

FÉVRIER 1849.

DÉPARTS DE MINUIT.

MM. les Voyageurs sont prévenus qu'un départ supplémentaire a lieu tous les jours à MINUIT 10 minutes, du *Plat d'Étain* (Porte Saint-Martin), *pour la Maison de Santé*, commune de Saint-Maurice, près Charenton-le-Pont, passant par Bercy, les Carrières et Charenton-le-Pont.

La voiture qui fait ce service part de Saint-Maur à 7 heures 45 minutes du soir, et se rend, directement, au Plat d'Étain, par la barrière et la rue de Charenton, la place de la Bastille, la rue Amelot et les Boulevards.

AU RETOUR :

Elle suit les Boulevards, la place de la Bastille, le boulevard Contrescarpe, la rue de Bercy (*intra et extra-muros*), la rue Grange-aux-Merciers, le quai de Bercy, les Carrières, Charenton-le-Pont, Sainte-Maurice jusqu'à la Maison de Santé.

TARIF DU PRIX DES PLACES.

	EN SEMAINE.	DIMANCHES ET FÊTES.
Du Plat d'Étain à Bercy (jusqu'aux fortifications).	60 c.	» 70 c.
aux Carrières et Charenton.	75	» 90
à Saint-Maurice (jusqu'à la Maison de Santé).	85	1 »
De la Bastille à Bercy (jusqu'aux fortifications).	50	» 60
aux Carrières et Charenton.	65	» 90
à Saint-Maurice jusqu'à l'Hospice.	75	1 »

COMME PAR LE PASSÉ, DÉPARTS A MINUIT DU PLAT D'ÉTAIN :

1° Pour Saint-Maur et Nogent, par Vincennes.

2° Pour Alfort, Maisons et Créteil, par la barrière Charenton, la Grande-Pinte et Charenton-le-Pont.

DIRECTION GÉNÉRALE DES POSTES

RUE JEAN-JACQUES ROUSSEAU.

Le bureau des affranchissements et chargements est ouvert depuis 9 heures jusqu'à 4; les dimanches on ne peut affranchir que jusqu'à 2 heures. Pour l'Étranger on peut affranchir jusqu'à 3 heures, et jusqu'à 4 pour l'intérieur. Les lettres partent le même jour. Au bureau de chargement on reçoit depuis 8 heures du matin jusqu'à 3 heures du soir, à couvert ou sous enveloppes cachetées, toutes lettres chargées, en payant un droit de 5 pour 100. On doit affranchir les lettres partant pour les Colonies, l'Autriche et ses dépendances, l'Angleterre, la Suisse, la Turquie, Tunis et les États Barbaresques, sans quoi elles resteraient au rebut. On ne doit mettre ni or ni argent dans les lettres; l'administration se charge de faire parvenir les fonds qui lui seront remis à *découvert* moyennant 5 centimes par franc.

Le bureau des ouvrages périodiques ouvre de 9 à 2 heures; les lettres adressées poste restante sont remises de 7 heures à 4; et celles sans adresse ou mal adressées y sont gardées pendant trois mois; le bureau des rebuts est ouvert de 10 à 2 heures, et fermé les dimanches et fêtes. Les malles-postes partent tous les jours à 6 heures un quart du soir; elles prennent trois voyageurs à raison de 1 fr. 50 c. par poste; il leur est accordé 25 kilos de bagages. Ils doivent se rendre avant cinq heures dans le bureau à droite au rez-de-chaussée. Outre les malles-postes, il part des estafettes à 6 heures du matin, à 11 heures et à une heure de relevée pour la grande Banlieue; de sorte qu'en jetant une lettre à 8 heures dans la boîte, elle part 3 heures après.

Il y a 10 Bureaux où l'on peut affranchir; ces bureaux reçoivent les articles d'argent pour les départements; ils sont autorisés à payer les reconnaissances comme à l'administration, depuis 9 heures jusqu'à 2. Nous croyons utile d'indiquer ici les adresses de ces bureaux.

A, rue Lenoir-Saint-Honoré, — B, rue des Tournelles, 52. — C, rue du Grand-Chantier, 5. — D, rue de l'Échiquier, 23. — E, rue Desèze. — F, rue de Beaune, 2. — G, rue Saint-André-des-Arts, 61. — H, rue des Fossés-Saint-Victor. — I, place de la Bourse, 10. — Rue du Petit-Bac, 11e arrondissement. Il y a en outre un bureau, place du Palais-National; un rue de Vaugirard, près du Luxembourg; pour l'Assemblée nationale, Palais-Bourbon.

Heures des levées des boîtes : 1re à 7 heures et demie aux boîtes, à 8 heures aux bureaux. — 2e à 10 heures aux boîtes, à 10 heures et demie aux bureaux. — 3e à midi aux boîtes, à midi et demi aux bureaux. — 4e à 2 heures aux boîtes, à 2 heures et demie aux bureaux. — 5e à 3 heures et demie aux boîtes, à 4 heures aux bureaux. — 6e à 4 heures et demie aux boîtes, à 5 heures aux bureaux. — 7e à 8 heures du soir aux boîtes, à 8 heures et demie aux bureaux.

Heures des distributions, 6 par jour : de 7 à 9 heures et demie du matin, de 9 heures et demie à midi, de midi à 3 heures du soir, de 2 à 4 heures du soir, de 4 à 6 heures du soir, de 6 à 8 heures du soir.

Les lettres pour Paris, extraites des boîtes aux heures indiquées dans la 7e levée, sont distribuées à 7 heures du matin, et les lettres pour la banlieue sont expédiées à la même heure.

PRESCRIPTIONS CONCERNANT LES CHEMINS DE FER.

Il est défendu aux voyageurs d'entrer dans les voitures sans avoir pris un billet, et de se placer dans une voiture d'une autre classe que celle qui est indiquée sur ce billet.

Il n'est pas permis d'entrer dans les voitures ou d'en sortir autrement que par la portière qui fait face au côté extérieur de la ligne du chemin de fer.

Il est défendu de se pencher en dehors des voitures.

Les voyageurs ne doivent sortir des voitures qu'aux stations et lorsque le train est complétement arrêté.

Il est défendu de fumer dans les voitures et dans les gares.

L'entrée des voitures est interdite :

1° A toute personne qui serait en état d'ivresse ou vêtue de manière à salir ses voisins ;

2° A tout individu porteur de fusil chargé, ou de paquets qui par leur nature, leur volume ou leur odeur, pourraient gêner ou incommoder les voyageurs.

Tout porteur d'un fusil devra, avant son admission sur les quais d'embarquement, justifier que son fusil n'est pas chargé.

Les billets doivent être conservés pour être remis à la station d'arrivée ; les voyageurs qui ne pourraient représenter leurs billets devront payer le prix de leur place.

Les bureaux de recette sont fermés 5 minutes avant l'heure du départ.

Les dames, sur leur demande, pourront être placées dans un compartiment spécialement réservé pour elles.

PAQUEBOTS A VAPEUR

CORRESPONDANTS AVEC LA LIGNE DE PARIS AU HAVRE.

Pour Londres, Brighton, Southampton, Portsmouth, Liverpool, Dublin, Saint-Sébastien, Santander, Corogne, Cadix, Malaga, Rotterdam, Hambourg, Copenhague, Saint-Pétersbourg, Honfleur, Caen, Cherbourg, Saint-Malo, Morlaix.

MINISTÈRES.

Ministère de l'intérieur, rue de Grenelle-Saint-Germain, 103. Le ministre donne des audiences, lorsqu'on lui en fait la demande par écrit, en désignant l'objet dont on désire l'entretenir. Les directeurs donnent aussi des audiences; les chefs de division reçoivent les jeudis, de 2 à 4 heures. On entre à la division de la comptabilité pour retirer les lettres d'avis de paiement, les lundis et jeudis, de midi à 3 heures.

Ministère du commerce et de l'agriculture, rue de Varennes, 25. Les bureaux, rue de Grenelle Saint-Germain, 103 et 122, sont ouverts au public les lundis et jeudis, de 2 à 4 heures. — *Direction générale des ponts-et-chaussées et des mines.* Les bureaux sont ouverts les mardis et samedis, de 2 à 4 heures. Audience du directeur quand on lui en fait la demande par écrit. — *Conseil des bâtiments civils*, rue de Grenelle, 103. — *Direction des travaux publics de Paris*, rue de l'Université, 29, bureaux ouverts de 10 à 4 heures. *Instruction publique*, rues de Grenelle et Belle-Chasse.

Ministère des travaux publics, rue Saint-Dominique, 58 et 60.

Ministère des cultes, place Vendôme, 13. — *Université de France*, rue de Grenelle, 116 bis. — *École normale*, rue Saint-Jacques, 123. — *Archives du royaume*, rue du Chaume, 13, pour les sections civiles, topographiques, administratives et domaniales; au Palais-de-Justice, pour la section judiciaire.

Ministère de la guerre, rue Saint-Dominique, 86. Le public est admis le mercredi, de 2 à 5 heures, à la section de l'enregistrement et à celle de l'arriéré, et le vendredi, de midi à 5 heures; le ministre ne donne audience qu'en la lui demandant par écrit. — *Direction du dépôt de la guerre*, rue de l'Université, 61. — *Comité d'artillerie*, place Saint-Thomas-d'Aquin, 3. — *Trésorerie des invalides*, à l'hôtel. — *Comité du génie et du dépôt central*, rue de l'Université, 94. — *Conseil de santé des armées*, rue Saint-Dominique, 82. — *Direction générale des poudres et salpêtres*, à l'Arsenal, quai Morland. — *Amirauté de France*, rue Royale (Saint-Honoré), 2.

Ministère des affaires étrangères, boulevard des Capucines, 2. Les bureaux de la chancellerie et des passeports sont ouverts tous les jours, de 11 heures à 4. Ces bureaux sont les seuls ouverts. Pour obtenir audience du ministre, il faut la lui demander par écrit.

Ministère de la marine et des colonies, rue de la Concorde 2. Tous les jeudis, les bureaux sont ouverts, de 2 à 4 heures. — *Administration des subsistances de la marine*, rue de Varenne, 37. — *Dépôt des cartes et plans*, rue de l'Université, 13. — *Trésorerie générale des invalides de la marine*, rue d'Anjou-Saint-Honoré, 9. — *Bureau des chartes et archives de la marine et des colonies*, où sont déposés leurs actes civils et judiciaires, à Versailles. — *La direction forestière de la marine* pour le martelage des bois propres aux constructions navales est rue de l'Arcade, 38. Les bureaux sont ouverts les mardis et samedis.

Ministère des finances, rue de Rivoli, où est établi le secrétariat particulier. On obtient audience du ministre les deuxième et quatrième samedis du mois, de midi à 2 heures. — *Secrétariat général*, rue Neuve du Luxembourg, 2. Les bureaux des renseignements et des archives de l'ancienne liquidation sont ouverts, tous les jours ouvrables, de 2 heures à 4. — *Trésorerie*, rue Monthabor, 11. — *Direction de la dette inscrite*, caisses ouvertes de 9 heures à 4. — *Bureau des oppositions*, de 10 heures à 2. — *Direction générale de l'enregistrement et des domaines*, rue Castiglione, 1 bis. — *Conseil d'administration*, les mardis et vendredis; bureaux des renseignements ouverts au public les jeudis, de 2 heures à 4; pour les officiers ministériels, tous les jours, de 2 heures à 4. — *Direction générale des forêts*, rue Neuve du Luxembourg, 2 ter. Audiences du directeur général les mercredis, de 11 heures à 1; ouverture des bureaux, mêmes jours, de 2 à 4. — *Direction générale des contributions indirectes*, rue de Rivoli, au ministère. — *Direction générale des douanes*, rue Monthabord, 15. La direction des douanes de Paris est rue Bergère, 6. Le bureau principal pour Paris est rue du faubourg Poissonnière, 26. L'entrepôt des sels est quai Valmy. — *Commission des monnaies*, quai de Conti, 11. — *Direction générale des postes*. (*Voyez* le troisième arrondissement.)

Ministre de la justice, place Vendôme, 13. Le ministre donne ses audiences les lundis et samedis de 2 heures à 6; le public n'est admis dans les bureaux que les vendredis, de 2 à 4. Le bureau des législations est ouvert tous les jours non fériés, de midi à 2 heures.

Ministère de l'instruction publique, rue de Grenelle-Saint-Germain, 116. Les bureaux sont ouverts tous les jeudis, de 2 heures à 4.

Son administration se compose du préfet du département de la Seine, du conseil de préfecture, du conseil général du département, du préfet de police, des maires et de leurs adjoints, des juges de paix, des commissaires de police et d'un tribunal de simple police.

Préfecture de police, rue de Jérusalem. — *Préfecture de la Seine*, à l'Hôtel-de-Ville.

INTENDANCE DE LA LISTE CIVILE. — *Intendance générale*, place Vendôme, 9. — *Direction de la comptabilité*, des dépenses, des bâtiments, place Vendôme, 9. — *Direction des domaines et du contentieux*, rue de l'Oratoire, 2. — *Trésor de la Couronne*, au Carrousel. — *Conservation du mobilier*, rue Bergère, 2. — *Conservation des forêts*, rue de l'Oratoire, 2. — *Archives de la Couronne*, au Louvre, quai des Tuileries. — *Liquidation de l'ancienne Liste civile*, rue de Grenelle-Saint-Germain, 119.

CONSEIL D'ÉTAT, palais d'Orsay. Les séances sont publiques pour le jugement des affaires contentieuses. — Le comité de la législation et de la justice administrative; le comité de l'intérieur et du commerce; le comité de la guerre et de la marine; le comité des finances et le secrétariat général, sont établis dans le même local.

ADMINISTRATION MILITAIRE DU DÉPARTEMENT DE LA SEINE. — *Bureaux de la 1re division militaire*, rue de Lille, 1. — Bureau de la place de Paris, place Vendôme, 7. — *Dépôt de recrutement de la Seine*, rue d'Enfer, 8. Les engagements volontaires se font les lundis, mercredis et vendredis.

GARDE NATIONALE. — *État-major général*, place du Carrousel. — *Archives du royaume*, rue du Chaume, 12, au Marais. — Le secrétariat est ouvert tous les jours, de 10 à 4 heures.

MAIRIES, JUSTICES DE PAIX ET ÉGLISES.

Ier arrondissement. Mairie et justice de paix, rue d'Anjou-St-Honoré, 9. Églises : la Madeleine, St-Pierre de Chaillot, St-Philippe du Roule et Ste-Croix d'Antin.

IIe arr. Mairie et justice de paix, rue Chauchat, 2. Eglises : St-Roch et Notre-Dame-de-Lorette.

IIIe arr. Mairie, rue Neuve de la Bourse. Justice de paix, rue de l'Échiquier, 34. Eglises : St-Eustache, Notre-Dame-des-Victoires et St-Vincent-de-Paul.

IVe arr. Mairie et justice de paix, place du Chevalier-du-Guet, 4. Églises : St-Germain-l'Auxerrois et l'Oratoire.

Ve arr. Mairie et justice de paix, rue de Bondy, 20. Églises : Bonne-Nouvelle et St-Laurent.

VIe arr. Mairie et justice de paix, rue Vendôme, 13. Églises : St-Nicolas-des-Champs, St-Leu, Ste-Elisabeth.

VIIe arr. Mairie rue Ste-Croix-de-la-Bretonnerie, 16. Justice de paix, rue du Roi de Sicile, 32. Églises : St-Méry, St-François et les Blancs-Manteaux.

VIIIe arr. Mairie et justice de paix, place Royale, 14. Églises : St-Denis-St-Sacrement, St-Ambroise, Ste-Marguerite et St-Antoine.

IXe arr. Mairie, rue Geoffroy-Lasnier, 25. Justice de paix, rue St-Antoine, 88. Églises: Notre-Dame, St-Gervais, St-Paul-St-Louis.

Xe arr. Mairie et justice de paix, rue de Grenelle-St-Germain, 7. Églises: St-Germain-des-Prés, l'Abbaye-aux-Bois, St-Thomas-d'Aquin, Ste-Valère et les Missions-Étrangères.

XIe arr. Mairie et justice de paix, place Saint-Sulpice. Églises: St-Sulpice, St-Séverin et les Carmes, annexe.

XIIe arr. Mairie et justice de paix, place du Panthéon. Églises: St-Etienne-du-Mont, St-Jacques-du-Haut-Pas, St-Nicolas-du-Chardonnet et St-Médard.

L'Hôtel-de-Ville, place de ce nom, siége de l'administration municipale et départementale.

L'Archevêché, dans la Cité, siége de l'administration diocésaine.

THÉATRES.

Opéra, rue Lepelletier et boulevard des Italiens, 4 — Théâtre-Français, rue Richelieu. — Opéra-Comique, place Favart. — Theâtre-Italien, salle Ventadour. — Second Théâtre-Français, place de l'Odéon. — Vaudeville, place de la Bourse. — Gymnase, boulevard Bonne-Nouvelle. — Variétés, boulevard Montmartre. — Théâtre du Palais-Royal, au Palais-Royal. — Porte-Saint-Martin, boulevard du même nom. — Ambigu-Comique, boulevard Saint-Martin. — Gaîté, boulevard du Temple. — Théâtre Historique, boulevard du Temple. — Cirque-Olympique, Champs-Elysées.

CHATEAUX ET MONUMENTS A VISITER.

Château des Tuileries, de Saint-Cloud et de Meudon ; on ne peut y entrer qu'en se procurant des billets à l'avance chez M. le ministre de l'agriculture. Colonne Vendôme, arc de triomphe de l'Étoile, Hôtel-de-Ville, église de la Madeleine.

Le Musée de Versailles est ouvert les samedis, dimanches, lundis et mardis, de 10 heures du matin à 4 heures du soir. Salles des Croisades, galeries de Constantine.

On visite les deux Trianons à Versailles et le palais de Saint-Cloud, avec des billets délivrés par M. le ministre de l'agriculture.

BIBLIOTHÈQUES, MUSÉES, CABINETS, MANUFACTURES.

Bibliothèque nationale, rue Richelieu, 56 ; l'on y entre tous les jours de 10 à 3 heures. — Bibliothèque de l'Arsenal, rue de Sully, tous les jours de 10 heures à 3 heures. — Bibliothèque Mazarine à l'Institut, quai de Conti, tous les jours de 10 heures à 3 heures. — Bibliothèque Sainte-Geneviève, tous les jours de 10 heures à 3 heures. — Bibliothèque de l'Hôtel-de-Ville, de midi à 4 heures. — Bibliothèque de l'École-de-Médecine, tous les jeudis au public et tous les jours aux élèves, de 11 heures à 3 heures.

Musée du Louvre, avec billets les quatre jours de la semaine, après le lundi, réservé aux artistes; dimanche, de 10 heures à 4 heures au public. — Musée du Luxembourg, rue de Vaugirard, 19, aux artistes et aux étrangers tous les jours, excepté le samedi; au public les dimanches, lundis et fêtes, de 10 heures à 4 heures. — L'Observatoire, grande avenue du Luxembourg, tous les jours en s'adressant au concierge. — Panthéon, rue Saint-Jacques, tous les jours. — Invalides, rue de Grenelle Saint-Germain, tous les jours, de 10 heures à 4 heures; pour voir le modèle des fortifications, il faut une permission du gouvernement. — Musée d'Artillerie, place Saint-Thomas d'Aquin; on doit se procurer des billets pour le visiter.

Église de la Madeleine; elle est ouverte tous les jours. — Chapelle expiatoire, rue d'Anjou Saint-Honoré, tous les jours, de 10 heures à 4 heures, en en faisant la demande au concierge.

Ménagerie du Jardin-des-Plantes, tous les jours de 11 heures à 4 heures.

Cabinet de l'Histoire naturelle, les mardis et vendredis, de midi à 4 heures; la galerie de minéralogie, les mardis et jeudis, de 11 heures à 3 heures.

Conservatoire des Arts et Métiers, rue Saint-Martin, 208, les dimanches et jeudis, de 10 à 4 heures; les étrangers avec passeports, tous les jours, à midi.

Cabinet des médailles, quai de Conti, les mardis et vendredis, de midi à 3 heures; pour les étrangers avec leurs passeports ou billets, lundi, et jeudi, de midi à 3 heures.

Les Gobelins, rue Mouffetard, 270, les mercredis et samedis, de 2 heures à 4 heures.

Manufacture de glaces, rue Saint-Denis, 313, les samedis, de 2 heures à la nuit. — Manufacture de porcelaine de Sèvres, tous les jours.

École des Beaux-Arts, rue des Petits-Augustins. L'on ne peut visiter l'École qu'avec l'autorisation du ministère de l'intérieur, mais on n'est admis dans le palais que les mardis, jeudis, samedis et dimanches en s'adressant au concierge. — École des mines, rue d'Enfer, 34, les lundis et jeudis, de 11 heures à 3 heures.

AMBASSADEURS.

Angleterre. — Lord Normanby, rue du Faubourg-Saint-Honoré, 39.
Autriche. — Rue de Grenelle-Saint-Germain, 134.
Bade. — Le baron d'Andelaw-Divseck, rue Ville l'Evêque, 26.
Bavière. — Rue Richepanse, 43.
Belgique. — Rue de la Pépinière, 97.
Brésil. — Rue de la Pépinière, 118.
Chili. — Mgr Rosalès, Chaussée-d'Antin, 27 *bis*.
Confédération argentine. — Rue du Faubourg-Saint-Honoré, 146.
Deux-Siciles. — Le duc de Serra-Capriola rue de Grenelle-Saint-Germain, 105.
Danemark. — Rue Saint-Dominique, 37.
Espagne. — Rue de Courcelles, 28.
États-Romains. — Mgr Fornari, nonce du Saint-Siége, rue de Grenelle-Saint-Germain, 71.
États-Unis d'Amérique. — M. King, Grande rue Verte, 8.
Grèce. — M. ..... rue Greffulhe, 7.
Hanôvre. — Le baron de Stoffhausen, rue Miroménil, 14.
Hesse électorale. — Rue Menart, 4.
Lucques. — Rue de Clychy, 19.

Mecklembourg-Schwérin. — Mgr de Oerthling, rue du Faubourg-Saint-Honoré, 35.

Mecklembourg-Strélitz. — M. Weyland, rue Caumartin, 7.

Mexique. — Rue de Roquépine, 5.

Naples. — Rue de Grenelle-Saint-Germain, 105.

Nassau. — Rue de Suresne, 22.

Parme. Le comte d'Appony, chargé d'affaires, rue Saint-Dominique-Saint-Germain, 121.

Pays-Bas. — Le baron de Fagel, rue de Surène, 22.

Portugal. — Rue Miromesnil, 21.

Prusse. — Le baron d'Arnm, rue de Lille, 78.

Russie. — Rue du Faubourg-Saint-Honoré, 33.

Sardaigne. — Rue de Clychy, 19.

Saxe. — Rue de l'Arcade, 9.

Saxe-Weimar. — Rue Caumartin, 7.

Suède et Norwége. — Le comte de Lœvenhielm, rue d'Anjou-Saint-Honoré, 58.

Suisse. — Rue Cauchat, 9.

Toscane. — Rue Caumartin, 3.

Turquie. — Reschid-Pacha, rue des Champs-Élysées, 1.

Uruguay. — M. Jose Ellauri, rue des Capucines, 7.

Villes libres et hanséatiques, et ville de Francfort. — M. de Rumpff, rue Trudon, 6.

Wurtemberg. — Rue de l'Arcade, 13.

COLLÉGES

Collége Henri IV, rue Clovis. — Collége Louis-le-Grand, rue Saint-Jacques, 123. — Collége Bourbon, rue Neuve-Sainte-Croix, 5. — Collége Rollin, rue des Postes, 34. — Collége Stanislas, rue Notre-Dame-des-Champs, 16. — Fondation irlandaise, rue des Irlandais, 3. — Collége royal de France, place Cambrai, 1. — Cours d'archéologie, rue Richelieu, 58. — École des Chartres, près la Bibliothèque royale. — Ecole de Pharmacie, rue de l'Arbalète, 13. — Ecole normale, rue Saint-Jacques, 115. — Faculté de Droit, place du Panthéon, 8. — Ecoles des langues orientales, rue du Regard. — Ecole François Ier, rue de Clichy.

MESSAGERIES.

Messageries nationales, rue Notre-Dame-des-Victoires; départs pour tous pays. — Messageries générales, rue Saint-Honoré, 130; départs pour tous pays. — Berlines-postes, rue Croix-des-Petits-Champs, 52. — Faubourg Saint-Denis, berlines-postes pour Saint-Denis, Ecouen, Villiers.

MALLES-POSTES.

Il part tous les jours de PARIS, à 6 heures du soir, 15 malles-postes pour les destinations suivantes :

Calais, Sedan, Forbach, Strasbourg, Troyes, Genève, Lyon, Saint-Etienne, Limoges, Bordeaux, Nantes, Rennes, Brest, Cherbourg.

POSTE AUX CHEVAUX, RUE PIGALE.

C'est sur la présentation d'un passeport non périmé qu'on peut obtenir des chevaux. Le tarif au kilomètre est de 20 centimes par cheval ; il sera perçu en plus 15 centimes par voyageurs excédant le nombre de chevaux.

On délivre aussi des chevaux au prix de 2 francs par cheval et 2 francs par chaque postillon pour conduire les voitures aux embarcadères des chemins de fer.

TABLEAU COMPARATIF

des Monnaies Étrangères avec les Monnaies Française.

ANGLETERRE. *Or.* Guinée de 21 shillings, 26 fr. 47 c. — Demi, 13 fr. 23 c. 50. — Quart, 6 fr. 61 c. 75. — Tiers ou 7 shill., 8 fr. 82 c. 33. — Souverain, depuis 1818, de 20 shill. 25 fr. 20 c. 80. — *Argent.* Couronne de 5 shill. anciens, 6 fr. 16 c. — Shillings anciens, 1 fr. 23 c. 60. — Couronne depuis 1818, 5 fr. 80 c. 72. — Shillings depuis 1818, 1 fr. 16 c. 14.

AUTRICHE et BOHÊME. *Or.* Ducat de l'empereur, 11 fr. 86 c. — Ducat de Hongrie, 11 fr. 90 c. — Demi-souverain, 17 fr. 58 c. — Quart, 8 fr. 79 c. — *Argent.* Ecu ou risdale de convention depuis 1753, 5 fr. 19 c. 50. — Demi-risdale ou florin, 2 fr. 59 c. 75. — 20 krustzers, 0 fr. 86 c. 50. — 10 krustzers, 0 fr. 43 c. 25.

BADE. *Or.* Pièce de 2 florins, 21 fr. 4 c. — *Argent.* Pièce de 1 florin, 10 fr. 52 c. — Pièce de 2 florins, 4 fr. 18 c. — Pièce de 1 florin, 2 fr. 9 c.

BAVIÈRE. *Or.* Carolin, 25 fr. 66 c. — Maximilien, 17 fr. 18 c. — *Argent.* Couronne, 5 fr. 66 c. — Risdale de 1800, 5 fr. 10 c. — Teston ou kopfstuck, 86 c.

BELGIQUE. *Or.* Pièce de 40 fr., 40 fr. — Pièce de 20 fr., 20 fr. — *Argent.* Pièce de 5 fr., 5 fr. — Pièce de 2 fr., 2 fr. — Pièce de 1 fr., 1 fr. — Pièce d'un demi-franc, 50 c. — Pièce d'un quart de franc, 25 c.

DANEMARK et HOLSTEIN. *Or.* Ducat courant depuis 1767, 9 fr. 47 c. — Ducat spécies, de 1791 à 1802, 11 fr. 86 c. — Chrétien, de 1773, 20 fr. 95 c. — *Argent.* Risdale d'espèce ou double écu de 96 shillings danois, de 1776, 5 fr. 66 c. — Risdale ou pièce de 6 marks danois, de 1750, 4 fr. 96 c.

ESPAGNE. *Or.* Pistole ou doublon de 8 écus, 1772 à 1786, 83 fr. 93. — Pistole de 4 écus, 41 fr. 95 c. 50. — de 2 écus, 20 fr. 98 c. 25. — Demi-pistole ou écu, 10 fr. 49 c. 12. — *Argent.* Piastre, depuis 1772, 5 fr. 43 c. — Réale de 2, ou piécette ou 5e de piastre, 1 fr. 08 c. — Réal de 1, ou demi-piécette ou 10e de piastre, 0 fr. 54. — Réallio, ou réal de Veillon ou 20e de piastre, 0 fr. 27 c.

ETATS ECCLESIASTIQUES. *Or.* Pistole de Pie VI et Pie VII, 17 fr. 27 c. 50. — Demi, 8 fr. 63 c. 75. — Sequin, 1769, Clément XIV et ses successeurs, 0 fr. 80 c. — *Argent.* Ecu de 10 pauls ou 100 bayoques, 5 fr. 38 c. 50. — Trois 10e d'écu, 1 fr. 62 c. — Un 5e d'écu, 1 fr. 08 c. — Un 10e d'écu, 0 fr. 54 c.

ETATS-UNIS D'AMERIQUE. *Or.* Double aigle de 10 dollars, 55 fr. 21 c. — Aigles de 5 dollars, 27 fr. 60 c. 50. — Demi-aigle, 12 fr. 80 c. 25. — *Argent.* Dollars, 5 fr. 42 c. — Demi, 2 fr. 71 c. — Quart, 1 fr. 35 c. 50.

HAMBOURG. *Or.* Ducat, 11 fr. 86 c. —Ducat nouveau de la ville, 11 fr. 6 c. — *Argent.* Risdale, 5 fr. 78 c.

HOLLANDE. *Or.* 10 florins, 20 fr. 85 c. 99. — 5 florins, 10 fr. 42 c. 99. — *Argent.* 3 florins, 6 fr. 40 c. 86. — 1 florin, 2 fr. 13 c. 62. — Demi-florin, 1 fr. 06 c. 81.

LOMBARDO-VENITIEN. — *Or.* Souverain, depuis 1823, 35 fr. 13 c. — Demi, ou 20 livres d'Autriche, 17 fr. 56 c. — *Argent.* Ecu de 6 livres d'Autriche, 5 fr. 20 c. — Demi-écu, ou 1 florin, 2 fr. 60 c. — Livre d'Autriche, 0 fr. 86 c. 6.

NAPLES. *Or.* Once nouvelle de 3 ducats, depuis 1818, 12 fr. 99 c. — Quintuple de 15 ducats, 64 fr. 95 c. — Décuple de 30 ducats, 129 fr. 90 c. — *Argent.* 12 carlins, depuis 1804, 5 fr. 10 c. — Ducat de 10 carlins, depuis 1784, 4 fr. 25 c. — 2 carlins, 1804, 0 fr. 85 c. — Ducat de 10 carlins, de 1818, 4 fr. 25 c.

PARME. *Or.* Sequin, 11 fr. 95 c. — Pistole, de 1784, 23 fr. 01 c. — Pistole, de 1786 à 1791, 21 fr. 91 c. 50. — 40 lires de Marie-Louise, depuis 1815, 40 fr. — 20 lires *idem*, 20 fr. — *Argent.* Ducat, de 1784 à 1796, 5 fr. 18 c. — 5 lires, 5 fr.

PORTUGAL. *Or.* Mœda d'ouro, 33 fr. 96 c. — Mela mœda, 16 fr. 98 c. — Quartino, 8 fr. 49 c. — Mela dobra portugaises, 45 fr. 27 c. — Demi, 22 fr. 63 c. 50. — Pièces de 16 testons, 11 fr. 31 c. 75. — de 12, 8 fr. 2 c. — de 8, 5 fr. 66 c. — Cruzade, 3 fr. 30 c. — *Argent.* Cruzade neuve de 480 réis, 2 fr. 94 c. — Cruzade de 1000 réis, 6 fr. 12 c. 5.

PRUSSE. *Or.* Ducat, 11 fr. 77 c. — Frédéric, 20 fr. 80 c. — Demi, 10 fr. 40 c. — *Argent.* Risdale, 3 fr. 71 c. 11.

RAGUSE. *Or.* Talaro, 3 fr. 90 c. — Demi, 1 fr. 95 c. — *Argent.* Ducat, 1 fr. 37 c.

RUSSIE. *Or.* Ducat, 1755 à 1763, 11 fr. 77 c. — Ducat, de 1763, 11 fr. 59 c. — Impérial de 10 roubles, de 1755 à 1763, 52 fr. 38 c. — Demi de 5 roubles, de 1755 à 1763, 26 fr. 19 c. — Impérial de 10 roubles, depuis 1763, 41 fr. 29 c. — Demi de 5 roubles, 20 fr. 64 c. 50. — *Argent.* Rouble de 100 copecks, de 1750 à 1762, 4 fr. 61 c. — Rouble de 100 copecks, de 1763 à 1807, 4 fr.

SARDAIGNE. *Or.* Carlin, depuis 1768, 49 fr. 33 c. — Demi, 24 fr. 66 c. 50. — Pistole, 28 fr. 45 c. — Demi, 14 fr. 22 c. 50. — *Argent.* Ecu, depuis 1768, 4 fr. 70 c. — Demi-écu, 2 fr. 35 c. — Quart d'écu ou 1 livre, 1 fr. 17 c. 50. — Ecu neuf de 5 livres, 1816, 3 fr.

SAVOIE ET PIEMONT. *Or.* Sequin, 11 fr. 95 c. — Double neuve pistole de 24 livres, 30 fr. — Demi de 12 livres, 15 fr. — Carlin, depuis 1755, 75 fr. — Demi, 37 fr. 50 c. — Pistole neuve de 20 livres, 1816, 20 fr. — *Argent.* Ecu de 6 livres, depuis 1755, 7 fr. 07 c. — Demi-écu, 3 fr. 53 c. 50. — Quart ou 30 sous, 1 fr. 76 c. 75. — Demi-quart ou 15 sous 88 c. 37. — Ecu neuf de 5 livres, 1816, 5 fr. — Sequin de Gênes, 12 fr. 01 c.

SAXE. *Or.* Ducat, 11 fr. 86 c. — Double-auguste, ou 10 thalers, 41 fr. 49 c. — Auguste, ou 5 thalers, 20 fr. 74 c. 50. — Demi-auguste, 10 fr. 37 c. 25. — *Argent.* Risdale d'espèce, depuis 1763, 5 fr. 19 c. 50. — Demi, ou florin de convention, 2 fr. 59 c. 75. — Thalers de 24 bons gros. 3 fr. 89 c. 63.

SICILE. *Or.* Once, depuis 1748, 13 fr. 73 c. — Ecu de 12 tarins, 5 fr. 10 c.

SUEDE. *Or.* Ducat, 11 fr. 70 c. — Demi, 5 fr. 85 c. — Quart, 2 fr. 92 c. 50. — *Argent*, Risdale d'espèce de 48 schellings, de 1720 à 1802, 5 fr. 75 c. 73. — Deux tiers de risdale, 3 fr. 83 c. 82. — Tiers, 1 fr. 91 c. 91.

SUISSE. *Or.* Pièce de 32 franken de Suisse, 47 fr. 63 c. — Pièce de 16, 23 fr. 81 c. 50. — Ducat de Zurich, 11 fr. 77 c. — Ducat de Berne, 11 fr. 64 c. — Pistole de Berne, 23 fr. 76 c. — *Argent.* Ecu de Bâle de 30 batz, ou 2 florins, 4 fr. 56 c. — Demi-écu, ou florin de 15 batz, 2 fr. 28 c. — Franc de Berne, depuis 1803, 1 fr. 50 c. — Ecu de Zurich, 4 fr. 70 c. — Demi, ou florin, depuis 1784, 2 fr. 35 c. — Ecu de 40 batz de Bâle et de Soleure, 1798, 4 fr. 90 c. — Pièce de 4 franken de Berne, de 1799, 5 fr. 88 c. — 4 franken de Suisse, 1803, 6 fr. — 2 franken, 1803, 3 fr. — 1 franken, 1803. 1 fr. 50 c.

TOSCANE. *Or.* Ruspole ou 3 sequins, 36 fr. 4 c. — Tiers, 12 fr. 1 c. 33. — Demi-sequin, 6 fr. 67. — Sequin à l'effigie, 12 fr. 1 c. 33. — Rosine, 21 fr. 54 c. — Demi, 10 fr. 77 c. *Argent.* Fracescone de 10 paulivournie, 51 fr. 61 c. — Pièce de 5 pauls, 2 fr. 80 c. 50. — Pièce de 2 pauls, 1 fr. 12 c. 20. — Pièce de 1 pauls, 56 c. 10.

TURQUIE. *Or.* Sequin zermahboub du sultan, 8 fr. 72 c. — Nisfie ou demi-zermahboub, 4 fr. 36 c. — Rouqbié ou un quart de sequin fondoukli, 2 fr. 43 c. 23. — Sequin de zermahb de Sélim III, 7 fr. 30 c. — Demi, 3 fr. 65 c. — Quart, 1 fr. 82 c. 50. — *Argent.* L'altmichlec de 60 paras, 3 fr. 52 c. — Yaremlec de 20 paras ou 60 asprés, 99 c. — Piastre de 40 paras, 2 fr. — Pièce de 5 piastres, 4 fr. 13 c. 67.

Instructions relatives aux Rues de Paris.

La première colonne de chiffres indique l'arrondissement, et la seconde les quartiers.

L'ordre de numérotage a été établi par l'administration municipale, en 1806, d'après les réglements ci-après :

Dans toutes les rues parallèles à la Seine, l'ordre des numéros suit le cours de la rivière, les premiers numéros étant près plus du levant, et les plus forts s'avançant vers le couchant.

Dans les rues perpendiculaires à la Seine, la série des numéros commence du côté du fleuve ; les plus forts sont les plus éloignés ; les numéros pairs sont à droite en remontant la rue, et les numéros impairs sont à gauche. Cette règle, qui est bien simple, est un moyen infaillible, pour les personnes qui ne connaissent pas bien Paris, de ne pas s'égarer dans ses nombreuses rues.

1er Arrondissement, quartiers : Roule, 1. — Champs-Elysées, 2. — Place Vendôme, 3. — Tuileries, 4.

2e Arrondissement, quartiers : Chaussée-d'Antin, 5. — Palais-Royal, 6. — Feydeau, 7. — Faubourg Montmartre, 8.

3e Arrondissement, quartiers : Faubourg Poissonnière, 9. — Montmartre, 10. — Saint-Eustache, 11. — Mail, 12.

4e Arrondissement, quartiers : Saint-Honoré, 13. — Louvre, 14. — Halle, 15. — Banque de France, 16.

5e Arrondissement, quartiers : Faubourg Saint-Denis, 17. — Porte Saint-Martin, 18. — Bonne-Nouvelle, 19. — Montorgueil, 20.

6e Arrondissement, quartiers : Porte Saint-Denis, 21. — Saint-Martin-des-Champs, 22. — Lombards, 23. — Temple, 24.

7e Arrondissement, quartiers : Sainte-Avoie, 25. — Mont-de-Piété, 26. — Marché-Saint-Jean, 27. — Arcis, 28.

8e Arrondissement, quartiers : Marais, 29. — Popincourt, 30. — Faubourg Saint-Antoine, 31. — Quinze-Vingts, 32.

9e Arrondissement, quartiers : Ile Saint-Louis, 33. — Hôtel-de-Ville, 34. — Cité, 35. — Arsenal, 36.

10e Arrondissement, quartiers : Monnaie, 37. — Saint-Thomas-d'Aquin, 38. — Invalides, 39. — Faubourg Saint-Germain, 40.

11e Arrondissement, quartiers : Luxembourg, 41. — Ecole-de-Médecine, 42. — Sorbonne, 43. — Palais-de-Justice, 44.

12e Arrondissement, quartiers : Saint-Jacques, 45. — Saint-Marcel, 46. — Jardin-du-Roi, 47. — Observatoire, 48.

Nouveau tableau général des rues de Paris.

(La lettre O veut dire Omnibus, la lettre F Favorites, la lettre T Tricycles, la lettre D Diligentes, les lettres Bé Béarnaises, les Ba Batignollaises, les lettres Ci Citadines, les lettres Da Dames-Réunies, la lettre C Constantines, la lettre P Parisiennes, la lettre H Hirondelles, la lettre G Gazelles.)

A

Rues	*Arr.*	*Commence*	*Finit*	Qrs
Abattoir (de l') H. F.	3	faubourg S.-Denis	faubourg Poissonnière	9
Abbaye (de l') F.	10	r. de l'Echaudé	r. S.-Germ.-des-Prés	37
Acacias (des) F.	10	r. Plumet	r. de Sèvres	39
Aguesseau (d') O.	1	r. du Faub.-S.-Honoré	r. de Surêne	1
Aiguillerie (de l') D.	4	r. Saint-Denis	place Ste-Opportune	15
Albert Ci.	5	quai Jemmapes	r. Bichat	18
Albouy O.	5	r. des Marais	r. des Vinaigriers	18
Alexandre (Saint-) Ci.	6	enclos de la Trinité	r. Greuétat	21
Alger (d') O. D.	1	r. de Rivoli	r. Saint-Honoré	4
Aligre (d') O.	8	r. de Charenton	marché Saint-Antoine	32
Amandiers (des) Bé.	12	mont. Ste-Geneviève	r. des Sept-Voies	45
Amandiers (des) O.	8	r. Popincourt	barr. des Amandiers	30
Amboise (d') O.	2	r. Richelieu	r. Favart	7
Ambroise (Saint-) Ci.	8	r. Popincourt	r. Saint-Maur	30
Ambroise-Paré Ci.	5	hôpital Saint-Louis	barr. de la Chopinette	18
Amélie P. Bé. F.	10	r. Saint-Dominique	r. de Grenelle	39
Amelot O.	8	place de la Bastille	r. Saint-Sébastien	31
Amsterdam (d') O. C.	1	r. Saint-Lazare	r. Neuve-de-Clichy	1
Anastase (Saint-) O.	8	r. Saint-Louis	r. Thorigny	29
André (Saint-)	8	r. Folie-Regnault	barrière d'Aunay	30
André des-Arts (S.) Da.	11	pl. du pont S.-Michel.	r. de Bussy	42
Angivilliers (d') O.	4	r. des Poulies	r. de l'Oratoire	13
Auglade de (l') O. Ci.	2	r. Traversière	r. l'Evêque	6
Anglais (des) P. H. F.	12	r. Galande	r. des Noyers	45
Anglaises (des) F. H.	12	r. de Lourcine	r. du Petit-Champ	46
Angoulême (d') O.	1	avenue de Neuilly	r. du Faub.-du-Roule	2
Angoulême (d') O.	6	boulevard du Temple	r. Folie-Méricourt	24
Anjou (d') O.	1	r. du Faub.-Saint-Honoré	r. de la Pépinière	1
Anjou au Marais (d') O.	7	rue d'Orléans	r. du Grand-Chantier	26
Anjou (d') F. P.	10	r. Dauphine	r. de Nevers	37
Anne (Sainte-) Da.	11	cour de la Ste-Chapelle	quai des Orfèvres	44

Rues	*Arr.*	*Commence*	*Finit*	Q'r
Anne (Sainte-) Ba. O.	2	r. de l'Anglade	r. Neuve-S.-Augustin	6
Antin (d') O. Ba.	2	r. N.-des-Petits-Champs	r. du Port-Mahon	7
Antoine (Saint-) O.	7,8,9	place Baudoyer	place de la Bastille	34
Antoine(duFaub.S.)O.	8	place de la Bastille	barrière du Trône	3
Appoline (Sainte-) D.	6	r. Saint-Martin	r. Saint-Denis	2
Arbalète (de l') H.	12	r. Mouffetard	r. des Charbonniers	4
Arbre-Sec(del')O.D.P.	4	place de l'Ecole	r. Saint-Honoré	1
Arcade (de l') D. C.	1	r. de la Madeleine	r. Saint-Lazare	
Arche-Marion (de l')O.	4	quai de la Mégisserie	r. S.-Germ.-l'Auxerr.	1
Arche-Pepin (de l') O.	4	quai de la Mégisserie	r. S.-Germ.-l'Auxerr.	1
Arcis (des) D. A.	6, 7	r. S.-Jacq.-la-Boucherie	r. de la Verrerie	2
Arcole (d') O. P. H.	9	quai Napoléon	place Notre-Dame.	3
Argenteuil (d') D. Ba.	2	r. des Frondeurs	r. Neuve-S.-Roch	
Arras (d') F. H.	12	r. Saint-Victor	r. Clopin	4
Arsenal (de l') O.	9	r. de Sully	r. N.-de-la-Cerisaie	3
Arts (des) O.	6	enclos de la Trinité	près la rue Grenétat	2
Assas (d') F.	11	r. du Cherche-Midi	r. de Vaugirard	4
Astorg (d') C. D.	1	r. de la Ville-l'Evêque	r. de la Pépinière	
Aubry-le-Boucher Da.	6	r. Saint-Martin	r. S.-Denis	2
Aumaire O. Da.	6	r. Frépillon	r. Saint-Martin	2
Austerlitz (d') O. G.	10	la Seine	les Invalides	3
Aval (d') O.	8	r. de la Roquette	r. Amelot	3
Avignon (d') F.	6	r. de la Savonnerie	r. Saint-Denis	2
Avoie (Sainte-)O. Da.	7	r. Neuve-S.-Merri	r. des Vlles-Audriettes	2

B

Rues	Arr.	Commence	Finit	Q'r
Babille	4	r. de Viarmes	r. des Deux-Ecus	1
Babylone (de) T.	10	r. du Bac	boulev. des Invalides	3
Bac (du) T. D.A.	10	pont Royal	r. de Sèvres	4
Bac (petite rue du)	10	r. de Sèvres	r. du Cherche-Midi	4
Bagneux (de)	10	r. du Cherche-Midi	r. de Vaugirard	3
Baillet O.	4	r. de la Monnaie	r. de l'Arbre-Sec	1
Bailleul	4	r. de l'Arbre-Sec	r. des Poulies	1
Baillif O. F. T. P.	4	r. Croix-des-Pet.-Champs	r. des Bons-Enfants	1
Bailly	6	r. Henri	r. Saint-Paxent	2
Ballets (des) Bé. O. F.	7	r. Saint-Antoine	r. du Roi-de-Sicile	2
Banque (de la) O. T.	4	r. de la Vrillière	place des Victoires	1
Banquier (du Grand)	12	marché aux Chevaux	r. Mouffetard	4
Barbe (Sainte-) F. O.	5	r. Beauregard	boul. Bonne-Nouvelle	1
Barbette O.	8	r. des Trois-Pavillons	r. Vieille-du-Temple	2
Barbette-de-Jouy F.	10	r. de Varennes	r. de Babylone	4
Bar-du-Bec D. Da.	7	r. de la Verrerie	r. Neuve-S.-Merri	2
Barillerie(de la)Da.	9, 11	pont au Change	pont Saint-Michel	4
Barouillère F.	10	r. de Sèvres	r. du Cherche-Midi	3

Rues	Arr.	Commence	Finit	Qr
Barres (des) O. H. P.	9	quai de l'Hôtel-de-Ville	place Baudoyer	34
Barres (des) O. Bé.	9	r. Saint-Paul	r. du Fauconnier	36
Barr. des Gobel. (de la)	12	boulevard de l'Hôpital	barrière d'Ivry	46
Barthélemi T.	10	c. de ronde, b. de Sèvres	avenue de Breteuil	39
Basfroid O.	8	r. de Charonne	r. de la Roquette	30
Basse du Rempart O.	1	église de la Madeleine	r. de la Chauss.-d'Antin	3
Basse des Ursins O.	9	r. des Chantres	r. Glatigny	35
Basse Saint-Pierre O.	1	quai Billy	r. de la Pompe	2
Bassins (des) C.	1	r. Newton	r. de Chaillot	4
Batailles (des) O. C.	1	r. de Longchamp	ruelle Sainte-Marie	2
Battoir (du) S.-André	11	r. Hautefeuille	r. de l'Eperon	42
Battoir (du) S.-Victor	12	r. Copeau	pl. du Puits-de-l'Ermite	47
Baville (de) F. Ci.	11	cour de Harlay.	cour Lamoignon	44
Bayard O.	1	allée des Veuves	place François Ier	2
Bayard, Invalides Bé.	10	r. Kléber	r. Duguesclin	39
Beaubourg O.	7	r. Simon-le-Franc	r. Michel-le-Comte	25
Beauce (de) O.	7	r. d'Anjou	r. de Bretagne	26
Beaujolais O. F.	1	r. de Chartres	r. de Valois	4
Beaujolais O. F.	2	r. de Valois	r. Montpensier	6
Beaujolais (Marais) O.	6	r. de Bretagne	r. du Forez	24
Beaune (de) O.	10	quai Voltaire	r. de l'Université	40
Beauregard T. P.	5	r. Poissonnière	r. de Cléry.	19
Beauregard (ruelle) F.	2	r. des Martyrs	c. de ronde, b. des Mart.	6
Beaurepaire F. P. O.	5	r. des Deux-Portes	r. Montorgueil	20
Beautreillis O.	9	r. Neuve-Saint-Paul	r. Saint-Antoine	36
Beauveau O.	8	r. Charenton	marché Beauveau	32
Beaux-Arts (des) P.	10	r. de Seine	r. des Pet.-Augustins	37
Bellechasse Bé. Da.	10	quai d'Orsay	r. de Grenelle	40
Bellefonds H. P.	2	r. du Faub. Poissonnière	r. Rochechouart	8
Belliart T.	10	avenue de Breteuil	barrière de Sèvres	39
Bellièvre G.	12	quai de la Gare	r. Bruant	47
Benoît-S.-Germ. (S.-)	10	r. Jacob	r. Taranne	37
Benoît du cloître (S.-)	11	r. des Mathur.-S.-Jacques	passage Saint-Benoît	43
Benoît-S.-Martin (S.-)	6	r. Royale	r. Saint-Vannes	22
Bercy-S.-Antoine (de)	8	r. de la Contrescarpe	barrière de Bercy	31
Bercy (de) O.	7	r. Vieille-du-Temple	anc. marché S.-Jean	27
Bergère P. H.	2	r. du Faub. Poissonnière	r. du Faub.-Montmartre	8
Berlin (de) Ba. O.	1	place de l'Europe	r. de Clichy	1
Bernard (Saint-) O.	8	r. du Faub. S.-Antoine	r. de Charonne	31
Bernardins (des) Bé.	12	quai de la Tournelle	r. Saint-Victor	47
Berry (de) O.	7	r. de Poitou	r. de Bretagne	26
Bertin-Poirée O. H.	4	r. S.-Germain-l'Auxerr.	r. des Bourdonnais	14
Bethizy	4	r. des Bourdonnais	r. du Roule	14
Beurrière O. Bé. T.	11	r. du Four-S.-Germain	r. du Vieux-Colombier	41
Bibliothèque (de la) O.	4	place de l'Oratoire	r. Saint-Honoré	13

Rues	*Arr.*	*Commence*	*Finit*	*Qr*
Bichat Ci.	5	r. du Faub.-du-Temp	hôpital Saint-Louis	18
Bienfaisance (de la) O.	1	r. du Rocher	dans les champs	1
Bièvre (de) H. F.	12	r. des Grands-Degrés	r. Saint-Victor	45
Billettes (des) D.	7	r. de la Verrerie	r. Ste-Croix-de-la-Bret.	27
Biron H.	12	r. de la Santé	r. du Faub.-S.-Jacques	48
Bizet O.	2	quai de Billy	r. de Chaillot	2
Blanche O.	1	r. Saint-Lazare	barrière Blanche	2
Blanchisseuses (des) O.	1	quai Billy	r. de Chaillot	2
Blancs-Manteaux (des)	7	r. Vieille-du-Temple	r. Sainte-Avoye	26
Bleue P.	2	r. du Faub.-Poissonnière	r. Cadet	8
Bochart de Saron C.	2	avenue de Trudaine	boulevard Montmartre	7
Bon (Saint-) O. Da.	7	r. Jean-Pain-Mollet	r. de la Verrerie	28
Bondy (de) O.	5	r. du Faub.-du-Temple	porte Saint-Martin	18
Bon-Puits (du) H.	12	r. Saint-Victor	r. Traversine	47
Bons-Enfants (des) O.	2,4	r. Saint-Honoré	r. Baillif	6
Bons-Hommes (des) O.	1	quai de Billy	barrière Franklin	2
Boquet de Chantilly O	12			
Borda	6	r. de la Croix	r. Montgolfier	22
Borne (de) O.	9	place de la Bastille	place de l'Arsenal	36
Bossuet Bé. P.	9	pont de la Cité	r. Chanoinesse	35
Boucher P. O.	4	r. de la Monnaie	r. Thibault-aux-Dés	14
Boucherat O.	6	r. des Filles-du-Calvaire	r. Charlot	24
Boucherie (de la) Bé.	10	quai d'Orsay	r. Saint-Dominique	39
Boucheries (des)	10, 11	r. de l'Ancienne-Comédie	r. Sainte-Marguerite	41
Boudreau C. F.	1	r. Trudon	r. Caumartin	3
Boulangers (des) H.	12	r. Saint-Victor	r. des Fossés-S.-Victor	47
Boule-Blanche (de la)	8	r. de Charenton	r. du Faub.-S.-Antoine	31
Boule-Rouge (de la) P.	2	r. du Faub.-Montmartre	r. Richer	8
Boulets (des) O.	8	r. de Montreuil	r. de Charonne	31
Bouloi (du) T. O.	4	r. Cr.-des-Petits-Champs	r. Coquillière	16
Bouquet-L.-Ch. (du)	1	r. de Longchamp	aux champs	2
Bourbon-le-Château P	10	r. de Bussy	r. de l'Echaudé	37
Bourbon-Villeneuve T.	5	r. du Petit-Carreau	r. Saint-Denis	19
Bourdaloue C. D.	2	r. Olivier	r. Saint-Lazare	8
Bourdonnaie (la) D. A	10	avenue Lowendal	avenue de Tourville	39
Bourdonnais (des) O.	4	r. Béthisy	r. Saint-Honoré	13
Bourg-l'Abbé O.	6	r. aux Ours	r. Grenétat	21
Bourgogne (de) D. A.	10	quai d'Orsay	r. de Varennes	39
Bourguignons (des)	12	r. de Lourcine	champ des Capucins	48
Boursault O.	2	r. Blanche	r. de la Rochefoucault	5
Bourse (de la) O. F. H.	2	place de la Bourse	r. Richelieu	6
Bourtibourg O.	7	ancien marché Saint-Jean	r. Ste-C.-de-la-Bret.	27
Boutebrie O.	11	r. de la Parcheminerie	r. du Foin	43
Boyauderie (de la) Da.	5	r. du Faub.-Saint-Martin	barrière du Combat	18
Braque (de) Ci.	7	r. du Chaume	r. Sainte-Avoye	26

Rues	Arr.	Commence	Finit	Qr
Breda F. O.	1, 3	r. des Martyrs	r. Blanche	5
Bretagne (de) O.	6, 7	r. de Beauce	r. Vieille-du-Temple	26
Breteuil (de) O.	6	r. Royale	marché Saint-Martin	22
Bretonvillers Bé. H. O.	9	quai de Béthune	r. Saint-Louis en l'Ile	33
Brisemiche Da.	7	r. du Cloître S.-Merri	r. Neuve-Saint-Merri	25
Brodeurs (des) T.	10	r. de Babylone	r. de Sèvres	38
Bruant H.	12	r. des Deux-Moulins	r. Bellièvre	4
Bruxelles O. Ba.	2	r. projetée		5
Bûcherie (de la) P.	9, 12	r. du Haut-Pavé	r. du Petit-Pont	35
Buffault C. H. O.	2	r. du Faub.-Montmartre	r. Coquenard	8
Buffon (de) H. G.	12	boulevard de l'Hôpital	r. du Jardin-du-Roi	47
Buisson (du) S.-Louis	5	r. Saint-Maur	barr. de la Chopinette	18
Bussy (de) F. P.	10	r. Mazarine	r. Sainte-Marguerite	37
Buttes (des) O.	8	r. de Reuilly	r. Picpus	32
Butte-Chaumont Da.	5	r. du Faub. S.-Martin	barrière du Combat	17

C

Rues	Arr.	Commence	Finit	Qr
Cadet P. H.	2	r. du Faub. Montmartre	r. Bleue	8
Cadran (du) Da.	3	r. du Petit-Carreau	r. Montmartre	10
Caffarelli O. Ci.	6	r. de la Corderie	enclos du Temple	24
Caire (du) F. P.	4	r. Saint-Denis	place du Caire	19
Calandre (de la) Bé.	9	r. de la Cité	r. de la Barillerie	35
Campagne 1re P.	11	boulevard Mont-Parnasse	boulevard d'Enfer	41
Canal-S.-Martin (du)	5	r. du Faub.-Saint-Martin	quai Valmy	18
Canettes (des) O. P. Bé.	11	r. du Four	place Saint-Sulpice	41
Canettes (des Trois-) P.	9	r. de la Licorne	parvis Notre-Dame	35
Canivet (du) Da. F.	11	r. Servandoni	r. Férou	41
Capucines (des) O.	2	r. de la Boule-Rouge	r. du Faub.-Poissonn.	8
Capucins H.	12	champ des Capucins	r. du Faub.-S.-Jacq.	48
Cardinale F.	10	r. Furstemberg	r. de l'Abbaye	37
Cardinal-Lemoine (du)	12	quai de la Tournelle.	r. Saint-Victor	47
Carême-Prenant Ci.	5	r. de l'Hôpital S.-Louis	r. du Faub.-du-Templ.	18
Cargaisons (des) Da.	9	Marché-Neuf	r. de la Calandre	35
Carmes (des) Bé.	12	r. des Noyers	r. du Mont-S.-Hilaire	45
Caron O.	8	marché Sainte-Catherine	r. Jarente	29
Carpentier O. Bé. F.	11	r. Cassette	r. du Gindre	41
Carrières (des) C.	1	dans les champs	carrefour des Batailles	1
Carrousel (du) O. Bé.	1	r. du Musée	place du Carrousel	4
Casimir-Périer Da. Bé.	10	place Belle-Chasse	r. de Grenelle-S.-G.	40
Cassette O. P. Bé.	11	r. du Vieux-Colombier	r. de Vaugirard	41
Cassini H. F.	12	r. du Faub.-S.-Jacques	imp. de l'Observatoire	48
Castellane D. O.	1	r. Tronchet	r. de l'Arcade	3
[illegible]te O.	9	r. de la Cerisaie	r. Saint-Antoine	36
Castiglione (de) O.	1	r. de Rivoli	r. Saint-Honoré	

Rues	Arr.	Commence	Finit	Q^{rs}
Catherine (S^{te}-) S.-G.	11	r. Saint-Thomas	r. Saint-Dominique	41
Catherine (Sainte-) O.	8	r. Saint-Antoine	r. du Val Ste-Cather.	29
Caumartin F. O.	1	boul. de la Madeleine	r. N.-des-Mathurins	3
Cendrier (du) H.	12	r. du March.-aux-Chev.	r. des Foss.-S.-Marcel	46
Censier H. F.	12	r. du Jardin-du-Roi	r. Mouffetard	46
Cerisaie (de la) G.	9	cour des Salpêtres	r. du Petit-Musc	36
Chabannais F. Ba.	2	r. N.-des-Pet.-Champs	r. Sainte-Anne	7
Chabrol (de) Da. F.	3, 5	r. Lafayette	r. du Faub.-S.-Denis	9
Chaillot (de) O. C.	1	r. de Longchamp	avenue de Neuilly	2
Chaise (de la) Bé. P.	10	r. de Grenelle-S.-Germ.	r. de Sèvres	38
Chamon T.	11	r. N.-D.-des-Champs	boul. Mont-Parnasse	41
Champ-de-l'Alouette	12	r. de Lourcine	r. Croullebarbe	46
Cham. Cordelier (du) P	12	r. Pascal	r. Julienne	46
Champs (des) C.	1	r. de Longchamp	r. de Lubeck	2
Champs-Elysées (des) O	1	place de la Concorde	r. du Faub.-S.-Honoré	2
Champ-des-Capucins	12	r. de la Santé	r. des Capucins	48
Chanoinesse	9	r. Bossuet	r. de la Colombe	35
Chantiers (des) H.	12	r. des Foss.-S.-Bernard	r. de Pontoise	46
Chantre (du) O. F.	4	place du Chantre	r. Saint-Honoré	13
Chantres (des) Da.	9	r. Basse-des-Ursins	r. Chanoinesse	35
Chanverrerie (de la) F.	4	r. Saint-Denis	r. Mondétour	15
Chapelle (de la) Da. F.	5	r. Château-Landon	barrière des Vertus	17
Chapon Ci. O.	6, 7	r. du Temple	r. Transnonain	25
Chaptal O.	2	r. N.-Dame-de-Lorette	r. Blanche	5
Charbonniers (des) O.	8	r. de Charenton	r. de Bercy	32
Charbonniers (des) H.	12	r. de l'Arbalète	r. des Bourguignons	48
Charenton (de) O.	8	place de la Bastille	barrière de Charenton	32
Charité (de la) C.	5	r. Saint-Laurent	place de la Fidélité	17
Charlemagne O.	9	r. Saint-Paul	r. des Nonaindières	34
Charlot O.	6	r. de Bretagne	boulevard du Temple	24
Charonne (de) O.	8	r. du Faub-Saint-Antoine	barrière de Fontarabie	31
Charretière H. F.	12	r. du Mont-Saint-Hilaire	r. de Reims	45
Charte (de la) O. C.	1	avenue de Neuilly	r. du Faub.-du-Roule	1
Chartres (de) O. T.	1	place du Carrousel	place du Palais-Royal	4
Chartres (de) O. C.	1	r. de Monceaux	barrière de Courcelles	1
Château-Landon Da.	5	r. du Faub.-Saint-Martin	barrière des Vertus	17
Châtillon Da.	5	r. S.-Maur.-Popincourt	barr. de la Chopinette	18
Chauchat O.	2	r. de Provence	r. de la Victoire	5
Chaudron (du) Da.	5	r. du Faub.-S.-Martin	r. Château-Landon	17
Chaume (du) O.	7	r. des Blancs-Manteaux	r. des V.-Audriettes	26
Chaumière (de la Gr.)	11	r. N.-D.-de-Champs	boul. Mont-Parnasse	41
Chaussée-d'Antin D. P.	2	boulev. des Capucines	r. Saint-Lazare	5
Chaussée des Minimes	8	place Royale	r. Neuve-S.-Gilles	29
Chauveau-Lagarde O.	1	r. de la Madeleine	r. Tronchet	1
Chemins (des Quatre)	8	r. de Reuilly	barrière Charenton	32
Chem. de la Chopinette	5	r. Saint-Maur	barr. de la Chopinette	18

Rues	Arr.	Commence	Finit	Qr.
Chemin de la Chapelle	5	r. du Faub.-S.-Martin	près la barr. S.-Denis	17
Chemin de Lagny O.	8	r. des Ormeaux	r. du Faub.-S.-Antoine	31
Chemin de Pantin Da.	5	r. du Faub.-St-Martin	barr. de Pantin	18
Chemin de Versailles O.	1	avenue de Neuilly	barr. des Bassins	2
Chemin-Vert (du) O.	8	boul. Beaumarchais	r. Popincourt	30
Chemin du Rempart O.	1	pl. de l'égl. de la Madel.	r. de Surêne	3
Chemin de la Voirie Da.	5	r. des Fossés-St-Martin	r. Château-Landon	17
Cherche-Midi (du)	10, 11	pl. de la Croix-Rouge	r. de Vaugirard	40
Chevalier-du-Guet O.	4	r. de la Vieille-Harengerie	r. des Lavandières	14
Chevet-St-Landry (du)	9	r. Basse-des-Ursins	r. des Marmouzets	35
Chevreuse (de) O. T.	11	r. Notre-Dame-des-Ch.	boul. Mont-Parnasse	41
Chevert Da.	10	avenue Lamothe-Piquet	avenue de Tourville	39
Chevet-de-l'Eglise H. P.	3	r. du Faub.-Poissonnière	barr. de ce nom	9
Childebert P. Bé.	10	r. d'Erfurth	r. Sainte-Marthe	37
Chilpéric P. H. O. D.	4	r. de l'Arbre-Sec	pl. S.-Germ.-l'Auxer.	14
Choiseul O.	2	r. Neuve-St-Augustin	boul. des Italiens	7
Cholets (des) H.	12	r. de Reims	r. S.-Etienne-d.-Grès	45
Chopinette (de la) Da.	5	hôpital Saint-Louis	barr. de la Chopinette	18
Christine F. P. Da.	11	r. des Grands-Augustins	r. Dauphine	42
Christophe (Saint-) P.	9	pl. du Parvis-N.-Dame	r. de la Cité	35
Cimetière-St.-Benoît	12	r. Saint-Jacques.	r. Fromentel	45
Cimet.-St-Nicolas Da	6, 7	r. Transnonain	r. Saint-Martin	25
Ciseaux (des) P. Da.	10	r. Sainte-Marguerite	r. du Four	37
Cité (de la) Da. G.	9	pont Notre Dame	Petit-Pont	35
Claude (Saint) O. T.	5	r. de Cléry	r. Sainte-Foy	19
Claude (Saint-) O.	8	boul. Beaumarchais	r. Saint-Louis	29
Claude-Villefosse O. P.	5	r. Grange-aux-Belles	r. de l'Hôp.-S.-Louis	18
Clef (de la) H. F.	12	r. d'Orléans	r. Copeau	47
Clément F. P.	11	r. de Seine	r. Mabillon	41
Cléry (de) O. T.	3, 5	r. Montmartre	boul. Bonne-Nouvelle	10
Clichy (de) Ba.	1, 2	r. Saint-Lazare	barr. de Clichy	1
Cloche-Perce O.	7	r. Saint-Antoine	r. du Roi-de-Sicile	27
Cloître-N.-Dame (du) O	9	r. Chanoinesse	r. d'Arcole	35
Cloître St-Merri (du)	7	r. de la Verrerie	r. Saint-Martin	25
Cloître-St-Benoît (du)	12	r. des Math.-St-Jacques	pass. Saint-Benoît	45
Cloître-St-Jacques (du)	5	r. Grande-Truanderie	r. Mauconseil	20
Clopin H. F.	12	r. des Fossés-St-Victor	r. d'Arras	47
Clos-Bruneau (du) Bé.	12	r. Mont.-Ste-Geneviève	r. des Carmes	45
Clos-Georgeot (du) F.	2	r. Traversière	r. Sainte-Anne	6
Clotilde H.	12	r. de Clovis	r. de la Vieille-Estrap.	45
Clovis (de) H.	12	r. des Fossés-St-Victor	pl. Saint-Etienne	45
Cluny (de) P. H.	12	pl. Sorbonne	r. des Grés	43
Cocatrix Bé. Da. O.	9	r. d'Arcole	r. des Trois-Canettes	35
Cœur-Volant (du) P.	11	r. des Boucheries	r. des Quatre-Vents	41
Cœur-Volant (du) C.	1	r. de Lubeck	carrefour des Batailles	2

Rues	Arr.	Commence	Finit	Qrs
Colbert O. F.	2, 3	r. Vivienne	r. Richelieu	7
Colombe (de la) Ci.	9	r. Basse-des-Ursins	r. des Marmouzets	35
Colonnes (des) O.	2	r. des Filles-S.-Thomas	r. de la Bourse	7
Colysée (du) O. C.	1	avenue de Neuilly	r. du Faub.-S.-Honoré	2
Comédie (de l'anc.)	10, 11	carrefour Bussy	r. des Boucheries	37
Comète (de la) Da. Bé.	10	r. de Grenelle-S.-Germ.	r. Saint-Dominique	39
Commerce (du) Da. O.	6	r. Grenétat	enclos de la Trinité	21
Commerce (du) Da.	5	r. du Faub.-Saint-Martin	r. du Faub.-S.-Denis	17
Condé (de) Bé. O.	11	carrefour de l'Odéon	r. de Vaugirard	41
Constantine (de) F. Ci.	9	r. d'Arcole	pl. du Palais-de-Justice	35
Constantinople (de) C.	1	r. de Valois	boul. Malesherbes	1
Conté O. Da.	6	anc. marché S.-Martin	r. Vaucanson	22
Contrat-Social (du) O.	3	r. de la Tonnellerie	r. des Prouvaires	11
Contrescarpe F. P.	11	r. Saint-André-des-Arts	r. Dauphine	42
Contrescarpe H. F.	12	r. des Fossés-S.-Victor	r. de la Vieille-Estrap.	47
Contrescarpe (de la)	8, 9	place Mazas.	place de la Bastille	30
Copeau H. F.	12	r. Saint-Victor	r. Mouffetard	47
Coq-Saint-Honoré (du)	4	place de l'Oratoire	r. Saint-Honoré	13
Coq-Saint-Jean (du) D.	7	r. de la Tixeranderie	r. de la Verrerie	28
Coq-Héron Da. O.	3	r. Coquillière	r. Pagevin	12
Coquenard C. O.	2	r. du Faub.-Montmartre	r. Rochechouart	8
Coquillière O. Da. T.	3, 4	r. J.-J.-Rousseau	r. Croix-des-Petits-Ch.	12
Coquilles (des) D.	7	r. de la Tixeranderie	r. de la Verrerie	28
Corbeau O.	5	r. Bichat	r. Saint-Maur	18
Cordelières (des) H.	12	r. Saint-Hippolyte	r. du Ch.-de-l'Alouette	48
Corderie (de la) Ci.	6, 7	r. de Beauce	r. du Temple	26
Corderie (de la) O. F.	2	marché Saint-Honoré	r. Neuve-Saint-Roch	5
Corderie (de la petite)	6	rotonde du Temple	r. Dupuis	24
Cordiers (des) H.	11	r. Saint-Jacques	r. de Cluny	43
Cordonnerie (de la) O.	4	marché aux Poirées	r. de la Tonnellerie	15
Corneille O.	11	place de l'Odéon	r. de Vaugirard	42
Cornes (des) H. F.	12	r. du Banquier	r. du Faub.-S.-Marcel	46
Corroyerie (de la) O.	7	rue Beaubourg	r. Saint-Martin	25
Cossonnerie (de la) F.	4	r. Saint-Denis	pl. du carr. de la Halle	15
Cote (de) O.	8	r. Trouvée	r. du Faub.-S.-Antoine	32
Courcelles (de) D.	1	r. de la Pépinière	r. de Monceaux	1
Courtalon D.	4	r. Saint-Denis	pl. Sainte-Opportune	15
Courty (de) O.	10	r. de Lille	r. de l'Université	40
Coutellerie (de la) Da.	8	r. Jean-de-l'Epine	r. de la Vannerie	28
Coutures-S-Gervais O.	8	r. de Thorigny	r. Vieille-du-Temple	29
Crébillon O. P. Bé.	11	r. de Condé	place de l'Odéon	42
Cretet	5	r. Beauregard	r. Bochart de Saron	19
Croissant (du) Da.	3	r. du Gros-Chenet	r. Montmartre	13
Croix (Sainte-) C.	1	r. Saint-Nicolas	r. Saint-Lazare	5
Croix (Sainte-)	9	r. Gervais-Laurent	r. Constantine	30

Rues	Arr.	Commence	Finit	Qrs
Croix (de la) Da. O.	6	r. Phélippeaux	r. du Vertbois	22
Croix-Blanche (de la)	7	r. Vieille-du-Temple	r. Bourtibourg	27
Croix-Boissière C.	1	r. de Lubeck	dans les champs	2
Cr. de la Breton. (Ste-)	7	r. Vieille-du-Temple	r. Sainte-Avoye	26
Cr.-des-Petits-Champs	4	r. Saint-Honoré	pl. des Victoires	16
Cr.-des-Petits-Champs	12	r. de la Glacière	r. du Ch.-de-l'Alouette	46
Cr.-du-Roule (Ste) O.	1	r. du Faub.-du-Roule	r. de Chartres	1
Croullebarbe H.	12	r. Mouffetard	boul. des Gobelins	46
Crussol (de) Ci.	6	r. des Fossés-du-Temple	r. Folie-Méricourt	24
Culture-Ste-Cather.	7, 8	pl. Birague	r. du Parc-Royal	29
Cuvier G.	12	q. Saint-Bernard	r. du Jardin-du-Roi	47
Cygne (du) F.	5	r. Saint-Denis	r. Mondétour	20

D

Rues	Arr.	Commence	Finit	Qrs
Dalayrac O. F.	2, 3	r. Méhul	r. Monsigny	7
Dames de la Visitation	10	passage Ste-Marie	r. de Gren.-S.-Germ.	40
Damiette F. P.	5	r. Bourbon-Villeneuve	cour des Miracles	17
Dauphin (du) O. D.	1	r. de Rivoli	r. Saint-Honoré	4
Dauphine F. P.	10, 11	Pont-Neuf	carrefour Bussy	42
Déchargeurs (des) O.	4	r. des Mauv.-Paroles	r. de la Ferronnerie	13
Delessert Da.	6	r. des Morts	près le canal	24
Delorme O. Bé.	9	place de l'Arsenal	r. Saint-Antoine	36
Delta (du) P. H. Da.	2, 3	r. du Faub.-Poissonn.	r. Rochechouart	8
Delta-Lafayette (du)	2, 3	r. des Magasins	r. Lafayette	8
Degrés (des) T.	5	r. Beauregard	r. de Cléry	19
Demi-Saint (du) O.	4	r. Chilpéric	r. des F.-S.-Germ.-l'A.	14
Denis (Saint-) F.	4,5,6, 7	r. S.-Jacq.-la-Boucherie	porte Saint-Denis	21
Denis (Saint-) O.	8	r. du Faub.-S.-Antoine	r. de Montreuil	31
Denis (du Faub.-S.-)	3, 5	porte Saint-Denis	barrière Saint-Denis	17
Dervillé H. F.	12	r. du Ch.-de-l'Alouette	r. des Anglaises	46
Desaix Da.	10	r. Kléber	barrière de Grenelle	39
Descartes H. Bé.	12	Mont. Sainte-Geneviève	r. de Fourcy	47
Désert (du) Ba. O.	2	r. de la Rochefoucault	petite rue du Désert	5
Desèze O. F.	1	boul. de la Madeleine	place de la Madeleine	3
D'Estrées P. Da.	10	place Fontenoy	avenue de Villars	39
D'Estrées T.	10	r. Neuve-Babylone	près le boulevard	39
Deux-Boules (des) O.	4	r. des Lavandières	r. Bertin-Poirée	13
Deux-Ecus (des) O.	3	r. des Prouvaires	r. Grenelle-S.-Honoré	11
Deux-Eglises (des) H.	12	r. du Faub.-S.-Jacques	r. d'Enfer	48
Deux-Ermites (des) O.	9	r. Cocatrix	r. des Marmouzets	35
Deux-Moulins (des) G.	12	boulev. de l'Hôpital	barrière d'Ivry	44
Deux-Ponts (des) O. Bé.	9	pont Marie	pont de la Tournelle	33
Deux-Portes (des) Bé. O.	5	r. du Petit-Lion	r. Thévenot	20
Deux-Portes (des) D.	7	r. de la Verrerie	r. de la Tixeranderie	27

Rues	Arr.	Commence	Finit	Qr
Deux-Portes (des) Da.	11	r. de la Harpe	r. Hautefeuille	42
Diamants (des Cinq-)	6	r. des Lombards	r. de la Reynie	23
Diorama (du) O.	5	r. Samson	r. des Marais-du-T.	18
Dominique (Saint-)	11,12	r. du Faub.-S.-Jacques	r. d'Enfer	48
Dominique (Saint-) Bé.	10	r. des Saints-Pères	aven. Labourdonnaie	40
Douze-Portes (des) O.	8	r. Neuve-Saint-Pierre	r. S.-Louis (Marais)	29
Doyenné (du) O. Da.	4	vieux Louvre	place du Carrousel	14
Dragon (du) Bé. O. F.	10	r. Taranne	r. de Grenelle	37
Duclos O.	2	r. de la Rochefoucault	r. Blanche	5
Dugommier O. Ci.	6	r. Perrée-du-Temple	r. de la Corderie	24
Duguay-Trouin P.	11	r. de Fleurus	r. de l'Ouest	41
Duguesclin O.	2	r. Bayard	r. Dupleix	5
Duphot O. D.	1	r. Saint-Honoré	boul. de la Madeleine	3
Dupleix P.	10	r. Kléber	place Dupleix	39
Dupont C.	1	r. Basse-Saint-Pierre	grande rue de Chaillot	2
Dupuis O.	6	enclos du Temple	r. de Vendôme	24
Duras O.	1	r. du Faub.-S.-Honoré	r. du Marché	1
Du Val-Ste-Catherine O	8	r. Saint-Antoine	r. N.-Ste Catherine	29

E

Rues	Arr.	Commence	Finit	Qr
Echarpe (de l') O.	8	r. du Val-Ste-Catherine	place Royale	29
Echaudé (de l') O.	7	r. Vieille-du-Temple	r. de Poitou	26
Echaudé-S.-G. (de l')	10	r. de Seine	r. Sainte-Marguerite	37
Echelle (de l') O. D.	1	r. de Rivoli	r. Saint-Honoré	4
Echiquier (de l') F.	3	r. du Faub.-Saint-Denis	r. du Faub.-Poissonn.	9
Ecluses-S.-Mart. (des)	5	r. de l'Hôpital-S.-Louis	r. du Faub.-S.-Martin	18
Ecole-de-Médecine Bé.	11	r. de la Harpe	carrefour de l'Odéon	42
Ecosse (d') H. F.	12	r. du Mont-S.-Hilaire	r. du Four	45
Ecouffes (des) O. Bé.	7	r. du Roi-de-Sicile	r. des Rosiers	27
Ecrivains (des) Da.	6	r. des Arcis	r. de la Vlle-Monnaie	23
Eglise (Neuve-de-l'-)	10	b. de Lamothe-Piquet	r. Saint-Dominique	39
Eglise-de-Lorette (de l')	3	r. Saint-Lazare	r. Olivier	10
Egout (de l') F.	10	r. Sainte-Marguerite	r. du Four	37
Elisabeth (Sainte- Da.	6	r. des Fontaines	r. Neuve-S.-Laurent	22
Eloi (Saint-) O. H. P.	9	r. de la Calandre	r. Constantine	35
Enfants-Rouges (des) O.	7	r. Pastourelle	r. Molay	26
Enfer (d'), en la Cité Da.	9	quai Napoléon	r. du Chev.-S.-Landry	35
Enfer-S.-Jacq. (d')	11, 12	place Saint-Michel	barrière d'Enfer	48
Enghien (d') Da.	3	r. du Faub.-Saint-Denis	r. du Faub.-Poissonn.	9
Epée-de-Bois (d') H.	12	r. Gracieuse	r. Mouffetard	46
Eperon (de l') P. Da.	11	r. Saint-André-des-Arts	r. du Jardinet	42
Erfurth (d') P. Bé.	10	r. Childebert	r. Sainte-Marguerite	37
Essai (de l') H.	12	r. Poliveau	marché aux Chevaux	46
Est (de l') F. H.	11, 12	r. d'Enfer	boul. Montparnasse	48

Rues	*Arr.*	*Commence*	*Finit*	*Qrs*
Etienne	4	r. Boucher	r. Béthisy	14
Etienne-des-Grès (S.-)	12	place Saint-Etienne	r. Saint-Jacques	45
Etoile (de l') O.	9	quai des Ormes	r. des Barrés	36
Etroites-Ruelles (des)	12	boulev. de l'Hôpital	barr. des 2 Moulins	47
Evêque (l') O.	2	r. de l'Anglade	r. des Orties	6

F

Rues	*Arr.*	*Commence*	*Finit*	*Qrs*
Fauconnier (du) O.	9	r. des Barrés	r. Charlemagne	36
Favart O.	2	r. de Grétry	boulevard des Italiens	7
Félibien Bé, F. P.	11	r. Clément	r. Lobineau	41
Femme-sans-tête (la)	9	quai Bourbon	r. de l'Ile-S.-Louis	33
Fer-à-Moulin (du) H.	12	r. du Jardin-du-Roi	r. Mouffetard	46
Ferdinand Da.	6	r. des Trois-Couronnes	r. de Lorillon	
Ferdinand-Berthoud	6	r. Montgolfier	r. Vaucanson	22
Ferme-des-Mat. (de la)	1	r. Neuve-des-Mathurins	r. Saint-Nicolas	3
Ferme (de la) O.	1	r. Basse-du-Rempart	ruelle de Trenck	3
Féronnerie (de la) F.	4	r. Saint-Denis	r. de la Lingerie	15
Férou O. P. F. Bé. Da.	11	place Saint-Sulpice	r. de Vaugirard	41
Ferrière O.	2	r. N.-D.-de-Lorette	rue de Bréda	5
Fers (aux) F.	4	r. Saint-Denis	marché aux Poirées	15
Feuillade (de la) O.	3, 4	place des Victoires	r. de la Vrillière	16
Fèves (aux) O. Da.	9	r. de la Calandre	r. Constantine	35
Feydeau O. Da. F.	2	r. Montmartre	r. Richelieu	7
Fiacre (Saint-) P. O.	3	r. des Jeûneurs	boulev. Poissonnière	10
Fiacre (Saint-) Da.	10	avenue de Saxe	chemin de Ronde	39
Fidélité (de la) Da.	5	r. du Faub.-Saint-Martin	r. du Faub.-S.-Denis	17
Figuier (du) O.	9	r. des Prêtres-Saint-Paul	r. du Fauconnier	36
Filles-du-Calvaire O.	6	r. Saint-Louis	boulev. du Temple	24
Filles-Dieu (des) F.	5	r. Bourbon-Villeneuve	r. Saint-Denis	19
Filles-S.-Thomas (des)	2	r. N.-D.-des-Victoires	r. Richelieu	7
Filles-de-l'Hosp. (des)	7	marché des Bl.-Manteaux	r. des Francs-Bourg.	26
Fléchier C. D.	2	r. Olivier	r. Saint-Lazare	5
Fleurus (de) P.	11	r. Madame	r. N.-D.-des-Champs	41
Florence (de) O.	1	r. de Valois	boulev. Malesherbes	1
Florentin (Saint-) O.	1	r. de Rivoli	r. Saint-Honoré	4
Foin-au-Marais (du) O.	8	r. Saint-Louis	r. Chaus.-des-Minimes	29
Foin-S.-Jacques (du)	11	r. Saint-Jacques	r. de la Harpe	43
Folie-Méricourt Ci.	6	r. Ménilmontant	r. du Faub.-du-Temple	24
Folie-Regnault O.	8	r. de la Muette	r. des Amandiers	30
Fontaine-S.-Georges O.	3	r. N.-D.-de-Lorette	barrière Blanche	9
Fontaine-au-Roi Ci.	6	r. Folie-Méricourt	r. S.-Maur-Popincourt	24
Fontaine (de la) H.	12	r. du Puits-de-l'Ermite	r. d'Orléans	46
Fontaines (des) Ci.	6	r. du Temple	r. de la Croix	22
Fontaines (des) O.	2	r. Louis-le-Grand	r. Neuve-S.-Augustin	7

Rues	*Arr.*	*Commence*	*Finit*	
Fontane-Grenelle Da.	10	avenue Lamothe-Piquet	avenue de Suffren	39
Fontaine-Molière (de la)	2	r. Saint-Honoré	r. Richelieu	6
Forez (du) O.	6	r. Charlot	marché du Temple	24
Forges (des) P. T.	5	r. Damiette	place du Caire	19
Fortin O. C.	1	r. Ponthieu	r. des Ecuries-d'Artois	1
Fossés-Saint-Bernard	12	quai Saint-Bernard	r. Saint-Victor	47
Foss.-S.-G.-l'Auxerr. F	4	r. de la Monnaie.	place du Louvre	13
Fossés-Saint-Jacques H	12	r. Saint-Jacques	place de l'Estrapade	48
Fossés-Saint-Martin Da	5	r. de la Chapelle	r. du Faub.-S.-Denis	17
Fossés-Saint-Marcel H	12	r. du Jardin-du-Roi	r. Mouffetard	46
Fossés-Montmartre Da.	3	place des Victoires	r. Montmartre	12
Fossés-Saint-Victor F,	12	r. Saint-Victor	r. Descartes	47
Fossés-du-Temple O.	6	r. Ménilmontant	r. du Faub.-du-Temple	24
Fouare (du) H. F.	12	r. de la Bûcherie	r. Galande	45
Four-Saint-Honoré O	3, 4	r. Saint-Honoré	r. Traînée	16
Four-Saint-Jacques H	12	r. des Sept-Voies	r. d'Ecosse	45
Four-S.-Germain	10, 11	r. Sainte-Marguerite	carr. de la Cr.-Rouge	41
Fourcy (de) O.	9	r. de Jouy	r. Saint-Antoine	34
Fourcy-S.-Marcel (de)	12	r. Mouffetard	place de Fourcy	45
Fourneaux (des) P.	11	r. de Vaugirard	barr. des Fourneaux	41
Fourreurs (des D.	4	place Sainte-Opportune	r. des Déchargeurs	13
Foy (Sainte-) F,	5	r. Saint-Denis	r. des Filles-Dieu	19
Française O.	5	r. Pavée-Saint-Sauveur	r. Mauconseil	20
François Ier O.	1	quai de Billy	place François Ier	2
François-Miron Bé.	9	r. Pourtour-S.-Gervais	r. Lobau	34
Francs-Bourgeois Da.	11	r. de Vaugirard	place Saint-Michel	42
Francs-Bourgeois O.	7, 8	r. Vieille-du-Temple	r. Païenne	27
Francs-Bourgeois H.	12	cloître Saint-Marcel	r. des Foss.-S.-Marcel	46
Fréjus T.	10	r. de Babylone	r. Plumet	38
Frères (des Trois-) D.	2	r. de la Victoire	r. Saint-Lazare	8
Frépillon Da.	6	r. Aumaire	r. Phelippeaux	22
Fromagerie (de la) O.	4	r. du Marché-aux-Poirées	r. Traînée	15
Fromentel H. F.	12	r. Charretière	r. du Cimet.-S.-Benoit	45
Fronde (de la)	8	impasse Saint-Bernard	r. de Montreuil	31
Frondeurs (des) O.	2	r. de l'Anglade	r. Saint-Honoré	6
Furstemberg O. P.	10	r. Jacob	r. de l'Abbaye	37

G.

Gaillon O.	2	r. N.-des-Petits-Champs	r. Neuve-S.-Augustin	7
Galande H.	12	place Maubert	r. Saint-Jacques	45
Garancière P,	11	r. du Petit-Bourbon	r. de Vaugirard	41
Gasté O.	1	r. des Batailles	r. Basse-Chaillot	2
Gazomètre (du)	2, 3	place Bossuet	barr. du Télégraphe	8
Gênes (de) O. Ba.	1	r. d'Amsterdam	r. de Clichy	4

Rues	Arr.	Commence	Finit.	Qrs
Geneviève (Sainte-), C.	1	grande rue de Chaillot	dans les Champs	2
Gentilly (de) F.	12	r. Mouffetard	boulev. des Gobelins	46
Genty. O.	8	quai de la Rapée	r. de Bercy	32
Geoffroy-Langevin Ci.	7	r. Sainte-Avoye	r. Beaubourg	25
Geoffroy-Lasnier O.	9	quai de l'Hôt.-de-Ville	r. Saint-Antoine	34
Geoffroy-Marie P.	2	r. du Faub.-Montmart.	r. Richer	8
Georges (Saint-) O.	2	r. Saint-Lazare	place Saint-Georges	5
Gerard-Boquet O.	9	r. des Lions-S.-Paul	r. Neuve-Saint-Paul	36
Germain-l'Aux. (S.-) O.	4	r. Saint-Denis	place des Trois-Maries	14
Germain-des-Prés (S.-)	10	r. Jacob.	place S.-G.-des-Prés	37
Gervais-Laurent Da.	9	r. de la Cité	r. du M.-aux-Fleurs	35
Gervais (Saint-) O. Da.	8	r. des Coutur-S.-Gerv.	r. Neuve-S.-François	29
Gindre (du) P. F. O.	11	r. du Vieux-Colombier	r. Mézières	41
Gît-le-Cœur P. Da.	11	quai des Augustins	r. S.-André-des-Arts	42
Glacière (de la) H.	12	r. de Lourcine	boulevard S.-Jacques	46
Glatigny O.	9	r. Basse-des-Ursins	r. des Marmouzets	35
Gobelins (des) F.	12	r. Mouffetard	rivière de Bièvre	46
Godot-de-Mauroy O.	1	boulev. de la Madeleine	r. N.-des-Mathurins	3
Gourde (des) O. C.	1	allée des Veuves	ruelle des Marais	2
Goutte-d'Or (de la)	5	près Bonne-Nouvelle		19
Gracieuse H. F.	12	r. d'Orléans	r. Copeau	47
Grammont (de) O.	2	r. Neuve-S.-Augustin	boulevard des Italiens	7
Grands-Degrés (des) O	12	quai de la Tournelle	r. du Haut-Pavé	45
Grand-Prieuré (du) H.	6	r. de Ménilmontant	r. de la Tour	26
Gr.-Augustins (des) P.	11	quai des Augustins	r. S. André-des-Arts.	42
Grand-Chantier (du)	7	r. des Vieilles-Audriettes	r. Pastourelle	26
Grand-Hurleur (du) O.	6	r. Saint-Martin	r. Bourg-l'Abbé	24
Gr.-Truanderie (de la)	5	r. Saint-Denis	r. Montorgueil	20
Grande Rue Verte O. C.	1	r. du Faub.-S.-Honoré	r. de la Ville-l'Evêque	4
Gr.-Friperie (de la) O.	4	r. de la Tonnellerie	place du Légat	15
Grand-S.-Michel (du)	5	r. du Faub.-S.-Martin	au canal	17
Gr. rue de la Trinité	6	r. du Commerce	r. des Arts	24
Grange-Batelière O.	2	r. N.-Grange-Batelière	r. du Faub.-Montmar.	5
Grange-aux-Belles O.	5	r. des Marais	r. des Récollets	18
Gravilliers (des) O. Ci.	6	r. du Temple	r. Transnonain	22
Greffuche O. F.	1	r. Castellane	r. Ne.-des-Mathurins	3
Grégoire-de-Tours P.	10	r. de Bussy	r. des Boucheries	40
Grenelle-S.-Honoré O.	4	r. Saint-Honoré	r. Coquillière	16
Grenelle S.-Germain P	10	car. de la Croix-Rouge	r. Labourdonnaie	37
Grenelle Gr.-Caillou	10	espl. des Invalides	aven. Labourdonnaie	39
Grenétat O. Da.	6	r. Saint-Martin	r. Saint-Denis	21
Grenier-Saint-Lazare O	7	r. Beaubourg	r. Saint-Martin	25
Grenier-sur-l'Eau O.	9	r. Geoffroy-Lasnier	r. des Barres	34
Grés (des)	11	r. Saint-Jacques	r. de la Harpe	43
Grésillons (des)	1	r. du Rocher	r. de Miromesnil	1
Grétry O.	2	r. Favart	r. Grammont	

Rues	*Arr.*	*Commence*	*Finit*	*Qr*
Grill (du)	12	r. d'Orléans	r. Censier	46
Gros-Caillou (du) Da.	10	centre du Gros-Caillou	Invalides	39
Gros-Chenet (du) T. P.	3	r. de Cléry	r. des Jeûneurs	10
Guénégaud P.	10	quai Conti	r. Mazarine	37
Guérin-Boisseau Da. F.	6	r. Saint-Martin	r. Saint-Denis	21
Guillaume Bé. H.	9	r. Saint-Louis-en-l'Ile	quai d'Orléans	33
Guillaume (Saint-) Bé.	10	r. des Saints-Pères	r. de Grenelle	37
Guillemites (des) O.	7	r. des Blancs-Manteaux	r. de Paradis	26
Guisarde P.	11	marché Saint-Germain	r. des Canettes	41
Guy laBrosse H.	12	r. de Jussieu	r. Saint-Victor	47

H

Rues	*Arr.*	*Commence*	*Finit*	*Qr*
Hamelin O.	2	r. Blanche	r. de Clichy	5
Hambourg (de) O. Ba.	1	r. de Valois	r. de Constantinople	1
Hanovre (d') O.	2	r. de Choiseul	r. du Port-Mahon	7
Harcourt (d')	10	place Fontenoy	barr. des Paillassons	39
Harlay (de) F. Ci.	11	quai de l'Horloge	quai des Orfèvres	44
Harlay (de) O.	8	boulev. Beaumarchais	r. Sainte-Claude	29
Harpe (de la) Da. F.	11	r. Saint-Séverin	place Saint-Michel	42
Hasard (du) F. Ba.	2	r. Traversière	r. Sainte-Anne	6
Haut-Moulin (du) T.	2	r. Glatigny	r. de la Cité	35
Haut-Moulin (du) Ci.	6	r. de la Tour	r. du Faub.-du-Temp.	24
Haut-Pavé (du) H.	12	quai des Grands-Degrés	r. de la Bûcherie	45
Haute-des-Ursins O.	9	r. Glatigny.	r. Saint-Landry	35
Hautefeuille Da.	11	place St-André-des-Arts.	r. de l'Ecole-de-Méd.	42
Hauteville O.	3	boulev. Bonne-Nouvelle.	place Lafayette	9
Heaumerie (de la) F.	6	r. de la Vieille-Monnaie.	r. Saint-Denis	23
Helder (du) O.	2	boulevard des Italiens.	r. Taitbout	5
Henri O.	6	r. Bailly.	r. Royale-S.-Martin	22
Hilaire (du Mont-S.)	12	r. des Sept-Voies	r. S.-Jean-de-Beauvais	45
Hillerin-Bertin P. Da.	10	r. de Grenelle	r. de Varennes	38
Hippolyte (Saint-) H.	12	r. des Trois-Couronnes.	r. de Lourcine	46
Hirondelle (de l') P.	11	pl. du Pont S.-Michel.	r. Git-le-Cœur	42
Homme-Armé (de l')	7	r. Sainte-Cr.-de-la-Bret.	r. des Bl.-Manteaux	26
Honoré (Saint-) 1, 2, 3,	4	r. de la Lingerie.	r. Royale	13
Honoré (du Faub.-S.)	1	r. Royale.	r. d'Angoulême	3
Honoré-Chevalier P.	11	r. du Pot-de-Fer.	r. Cassette	41
Hôpit. (S.-Louis de l')	5	r. des Récollets.	barr. du Combat	18
Hôpital (de l') G.	12	boulevard de l'Hôpital.	pl. des Deux-Moulins	47
Hospitalières (des) O.	7	r. des Rosiers.	r. des Francs-Bourg.	25
Hôtel-Colbert (de l')	12	quai des Grands-Degrés.	r. Galande	45
Hôtel-de-Ville (de l') O.	9	r. de l'Etoile	r. de Lobau	34
Houssaye (du)	2	r. de Provence.	r. de la Victoire	5
Huchette (de la)	11	r. du Petit-Pont.	r. de la Vieille-Boucl.	43

Rues	Arr.	Commence	Finit	Qrs
Hugues (Saint-) O.	6	r. Bailly.	r. Royale-Saint-Martin	22
Hyacinthe (Saint-) O.	2	r. du Marché-S.-Honoré.	r. de la Sourdière	6
Hyacinthe (Saint-) H.	11	place Saint-Michel.	r. S.-Jacques	43

I

Rues	Arr.	Commence	Finit	Qrs
Iéna (d') O.	10	la Seine	les Invalides	39
Irlandais (des) H.	12	r. de la Vieille-Estrapade	r. des Postes	48
Ivry (d') G.	12	r. du Banquier	boul. de l'Hôpital	47

J

Rues	Arr.	Commence	Finit	Qrs
Jacinthe P. H.	12	r. des Trois-Portes	r. Galande	45
Jacob P. O.	10	r. de Seine	r. des Saints-Pères	37
Jacques (Saint-) H	11, 12	r. du Petit-Pont	r. Port-Royal	45
Jacq. (du Faub.-S.-)	12	r. Port-Royal	boul. Saint-Jacques	48
Jacq.-la-Bouch. (S.-)	6, 7	r. Planche-Mibray	r. Saint-Denis	28
Jacques-de-Brosse O.	9	quai de l'Hôtel-de-Ville	r. François-Miron	34
Jardin-du-Roi (du) G.	12	r. Poliveau	carrefour de la Pitié	47
Jardinet (du) Da. F.	11	r. Mignon	r. de l'Eperon	42
Jardins (des) O.	9	r. des Barrés	r. Charlemagne	36
Jarente O.	8	r. du Val-Ste-Catherine	r. Culture-Ste-Cath.	29
Jean (S.-) Gros-Caillou	10	r. de l'Université	r. Saint-Dominique	39
Jean-Baptiste (Saint-)	1	r. de la Pépinière	r. Saint-Michel	1
Jean-Bart P.	11	r. de Vaugirard	r. de Fleurus	41
Jean-Beausire O.	8	boul. Beaumarchais	r. Saint-Antoine	29
Jean-de-Beauce	4	r. de la Grande-Friperie	r. de la Cordonnerie	15
Jean-de-Beauvais (S.)	12	r. des Noyers	r. du Mont-S.-Hil.	45
J.-J.-Rousseau O. Da.	3	r. Coquillière	r. Montmartre	11
Jean-Hubert Da. Bé.	12	r. des Cholets	r. des Sept-Voies	45
Jean-de-l'Epine Da.	7	r. de la Vannerie	r. de la Coutellerie	28
Jean-de-Latran (S.-) P	12	r. S.-Jean-de-Beauvais	place Cambrai	46
Jean-Lantier O. H.	4	r. des Lavandières	r. Bertin-Poirée	14
Jean-Goujon O.	1	quai de Billy	allée des Veuves	2
Jean-Pain-Mollet Da.	7	r. de la Coutellerie	r. des Arcis	28
Jean-Robert Da.	6	r. Transnonain	r. Saint-Martin	22
Jean-Tison O. P.	4	r. des F.-S.-G.-l'Auxerr.	r. Bailleul	13
Jeannisson O.	2	r. Saint-Honoré	r. Richelieu	6
Jérôme (Saint-) O. F. P.	7	quai de Gèvres	r. de la Vieille-Lanter.	28
Jérusalem (de) F. Da.	11	quai des Orfèvres	r. de Nazareth	44
Jeûneurs (des) Da. P.	3	r. du Sentier	r. Montmartre	10
Joaillerie (de la) O. F.	4, 7	place du Châtelet	r. S.-Jacq.-la-Bouch.	28
Joquelet O. T.	3	r. N.-D.-des-Victoires	r. Montmartre	12
Joseph (Saint-) Da. P.	3	r. Montmartre	r. du Gros-Chenet	10
Joubert D. P. Ba.	1	r. de la Chaussée-d'Antin	Sainte-Croix	3

Rues	Arr.	Commence	Finit	Qrs
Jour (du) P. O.	3	r. Montmartre	place Saint-Eustache	11
Jouy (de) O.	9	r. de Fourcy	r. Saint-Antoine	34
Juifs (des) O. Ci.	7	r. du Roi-de-Sicile	r. des Rosiers	27
Julien-le-Pauvre (S.)	12	r. de la Bûcherie	r. Galande	45
Julienne H. P.	12	r. Pascal	r. de Lourcine	48
Jules (Saint-) O.	8	r. du Faub.-S.-Antoine	r. de Montreuil	31
Jussienne (de la) Da. O.	3	r. Montmartre	r. Verdelet	12
Jussieu G.	12	r. Cuvier	r. Saint-Victor	47

K

Kléber Bé.	10	quai d'Orsay	avenue de Suffren	39

L

Laborde D.	1	r. du Rocher	r. de Miroménil	1
Laborde Da. C.	5	r. du Faub.-S.-Martin	r. Lafayette	18
Labruyère O.	2	place Saint-Georges	avenue de Boufflers	5
Lacaille F.	12	r. d'Enfer	boul. d'Enfer	48
Lacasse Ci.	5	r. de l'Entrepôt	r. Albouy	18
Lacuée O.	8	place Mazas	r. du Faub.-S.-Ant.	32
Lafayette P. F.	5	r. du Faub.-S.-Martin	r. du Faub.-Poissonn.	17
Laffitte O.	2	boul. des Italiens	r. de Bréda	6
Lagny O.	8	r. des Ormeaux	r. du Faub.-S.-Ant.	31
Laiterie (de la) P.	6	r. du Commerce	r. des Arts	21
Lancry (de) O.	5	r. de Bondy	r. des Marais	18
Lanterne (de la) Da.	7	r. Saint-Bon	r. des Arcis	28
Laperche O.	2	r. Blanche	r. de Clichy	5
Lard (au) O.	4	r. de la Lingerie	r. Lenoir	15
Las-Cases Bé. Da.	10	r. Bellechasse	place Bellechasse	38
Laurent (Saint-) Da.	5	r. du Faub.-S.-Martin	r. du Faub.-S.-Denis	17
Laurette P.	11	r. N.-D.-des-Champs	r. de l'Ouest	41
Laval F.	2	r. Pigale	r. des Martyrs	5
Lavandières (des) Da.	4	r. S.-Germain-l'Auxerr.	pl. Sainte-Opportune	13
Lavandières (des) Bé.	12	place Maubert	r. des Noyers	45
Lavoisier O. C.	1	r. d'Anjou-S.-Honoré	r. d'Astorg	1
Lazare (S.-) O. Da.	1, 2	r. du Faub.-Montmartre	r. de l'Arcade	3
Lazare (S.-) C. Da.	5	r. Saint Laurent	foire Saint-Laurent	17
Leclerc H.	12	r. du Faub.-S.-Jacques	boul. Saint-Jacques	48
Lenoir (halle) O.	4	r. Saint-Honoré	r. de la Poterie	15
Lenoir O.	8	marché Beauveau	r. du Faub.-S.-Ant.	32
Léonie F.	2	r. Boursault	r. Chaptal	5
Lepelletier O.	2	boul. des Italiens	r. de Provence	5
Lesdiguières (de) O.	9	r. de la Cerisaie	r. Saint-Antoine	36
Leture	6	r. Percée-du-Temple	r. du Petit-Thouars	24

Rues.	Arr.	Commence	Finit	Q.
Licorne (de la)	9	r. des Marmouzets	r. Saint-Christophe	35
Lille (de) O. P.	10	r. des Saints-Pères	r. de Bourgogne	40
Limace (de la)	4	r. des Déchargeurs	r. des Bourdonnais	13
Limoges (de) O.	7	r. de Poitou	r. de Bretagne	26
Lingerie (de la) D.	4	r. Saint-Honoré	marché des Innocents	15
Lingerie (de la) P.	11	encl. du Mar. S.-Germ.		41
Lions (des) O.	9	r. du Petit-Musc	r. Saint-Paul	36
Lisbonne (de) O. Ba.	2	r. Saint-Pétersbourg	r. Blanche	5
Lobau O. Ci.	9	quai de l'Hôtel-de-Ville	r. de la Tixeranderie	34
Lobineau P. F. Bé.	11	r. de Seine	r. Mabillon	41
Lombards (des) D.	6	r. Saint-Martin	r. Saint-Denis	23
Londres (de) O. Ci.	1	r. de Clichy	place de l'Europe	1
Longchamp (de) C.	1	r. des Batailles	barr. de Longchamp	2
Lorillon Ci.	6	r. Saint-Maur	barrière Lorillon	24
Louis-le-Grand O.	1, 2	r. N.-des-P.-Champs	boulev. des Capucines	7
Louis (Saint-) O.	1	r. de l'Echelle	r. Saint-Honoré	4
Louis (S.-) au Marais O.	8	r. de l'Echarpe	r. des Filles-du-Calv.	29
Louis (Saint-) en l'île	9	quai de Béthune	pont de la Cité	33
Louis-Philippe O. H. P.	1	r. de Rivoli	r. Saint-Honoré	4
Louis-Philippe O.	8	r. de la Roquette	r. Charonne	31
Lourcine (de) H.	12	r. Mouffetard	r. de la Santé	46
Louvois O.	2	r. Richelieu	r. Sainte-Anne	7
Lubeck C. O.	1	r. de Longchamp	r. Croix-Boissière	2
Lully O.	2	r. Rameau	r. de Louvois	7
Lune (de la) P.	5	r. Poissonnière	boul. Bonne-Nouvelle	19
Lyonnais (des) H.	12	r. de Lourcine	r. des Charbonniers	48

M

Rues.	Arr.	Commence	Finit	Q.
Mabillon P.	11	r. du Four	r. du Petit-Bourbon	41
Mâcon Da. F. P.	11	r. Saint-André-des-Arts	r. de la Vieille-Boucl.	42
Maçons (des) P. H.	11	r. des Mathurins	place Sorbonne	43
Madame P.	11	r. de Vaugirard	r. de l'Ouest	44
Madeleine (de la) O.	1	à l'église de ce nom	r. de l'Arcade	3
Mademoiselle (de) T.	10	r. Plumet	r. de Monsieur	38
Madrid (de) O. Ba.	1	place de l'Europe	boulevard Malesherbes	2
Magasins (des) P. F.	5	r. de Chabrol	r. Lafayette	17
Magdebourg (de) O.	1	quai de Billy	r. des Batailles	2
Magloire (Saint-) F.	6	r. Salle-au-Comte	r. Saint-Denis	23
Mail (du) O. Ci.	3	r. Vide-Gousset	r. Montmartre	16
Maison-Neuve C.	1	r. de la Pépinière	r. de la Voirie	1
Maillart Bé. Da.	10	r. de l'Université	r. Saint-Dominique	40
Malte P.	6	r. de Ménilmontant	r. de la Tour	24
Mandar P. T.	3	r. Montorgueil	r. Montmartre	11
Mansart Bé. O.	9	r. Saint-Paul	r. Rabelais	36

Rues	*Arr.*	*Commence*	*Finit*	*Qrs*
Marais (des) P. Da.	10	r. de Seine	r. des Petits-August.	37
Marais (des) Ci.	5	r. du Faub.-du-Temple	r. du Faub.-S.-Martin	18
Marbeuf O.	1	Champs-Elysées		2
Marc (Saint-) O.	2	r. Montmartre	r. Richelieu	7
Marcel (Saint-) H.	12	r. Mouffetard	place Saint-Marcel	46
Marche (de la) O.	7	r. de Poitou	r. de Bretagne	26
Marché (du) O.	1	r. d'Aguesseau	r. des Saussayes	1
Marché-aux-Fleurs Da.	9	r. de la Pelleterie	r. Constantine	35
Marché-aux-Chevaux	12	r. Poliveau	boulev. de l'Hôpital	46
Marché-Saint-Honoré D	2	r. Saint-Honoré	r. N.-D. des-P.-Champs	6
Marché-Neuf (du) Da.	9	r. de la Cité	quai du Marché-Neuf	35
Marché-Popincourt	8	r. Popincourt	r. Ménilmontant	30
Marché-Saint-Laurent	3	r. du Faub.-S.-Martin	marché Saint-Laurent	18
Marché-S.-Martin (du)	6	r. Frépillon	marché Saint-Martin	22
Marché-aux-Poirées O.	4	carreau de la Halle	place du Légat	15
Marcoul (Saint- O.	6	r. Bailly	r. Royale-S.-Martin	22
Marguerite (Sainte-) F	10	r. de Bussy	r. de l'Egout	37
Marguerite (Sainte-) O.	8	r. du Faub.-S.-Antoine	r. de Charonne	31
Marie (Sainte-) O.	1	quai de Billy	r. de Lubeck	2
Marie Stuart P. O.	5	r. des Deux-Portes	r. Montorgueil	20
Marigny (de) O. C.	1	Champs-Elysées	r. du Faub.-S.-Honoré	2
Marivaux (de) O.	2	r. de Grétry	boulevard des Italiens	7
Marivaux (de) Di.	6	r. des Ecrivains	r. des Lombards	23
Marlborough H.	3	r. Rochechouart	r. du Faub.-Poissonn.	9
Marmouzets (des) P.	9	r. de la Colombe	r. de la Cité	35
Marmouzets (des) F.	12	r. des Gobelins	r. Saint-Hippolyte	46
Marque-Foy	5	r. du Grand-S.-Michel	r. des Ecluses	18
Marsollier C. T.	2	r. Méhul	r. Monsigny	7
Martel Da.	3	r. des Petites-Ecuries	r. de Paradis	9
Marthe (Sainte-) P.	10	passage Saint-Benoît	r. Childebert	37
Martignac Bé. Da.	10	place Bellechasse	r. de Grenelle	40
Martin (Saint-) D.	6, 7	r. des Lombards	porte Saint-Martin	23
Martin (du Faub.-S.-) C	5	porte Saint-Martin	barrière de La Villette	18
Martyrs (des) F.	2	r. Saint-Lazare	barrière des Martyrs	5
Masseran T.	10	r. Neuve-Plumet	r. de Sèvres	39
Massillon O.	9	r. Chanoinesse	r. Bossuet	35
Masure (de la)	9	quai des Ormes	r. de l'Hôtel-de-Ville	34
Mathurins (des) P.	11	r. Saint-Jacques	r. de la Harpe	43
Matignon O. C,	1	Champs-Elysées	r. du Faub.-S.-Honoré	2
Maubuée O.	7	r. Beaubourg	r. Saint-Martin	25
Mauconseil P.	5	r. Saint-Denis	r. Montorgueil	20
Maur (S.-) Popincourt	8	r. des Amandiers	r. de l'Hôp.-S.-Louis	30
Maur (S.-) S.-Germain	10	r. de Sèvres	r. du Cherche-Midi	38
Maur (S.-) S.-Martin	6	r. Royale	r. Saint-Vannes	22
Maure (du) Da. O.	7	r. Beaubourg	r. Saint-Martin	25

Rues	*Arr.*	*Commence*	*Finit*	Q^ts^
Mauv.-Garçons (des)	7	r. de la Tixeranderie	r. de la Verrerie	27
Mauv.-Paroles (des) O.	4	r. des Lavandières	r. des Bourdonnais	15
Mayet P.	10	r. de Sèvres	r. du Cherche-Midi	38
Mazagran O.	3	boulev. Bonne-Nouvelle	r. de l'Echiquier	9
Mazarine P.	10	r. de Seine	carrefour Bussy	37
Mécaniques Da.	6	r. du Commerce	r. des Arts	21
Méchin H.	12	r. de la Santé	r. du Four S.-Jacques	48
Méhul O.	2	r. N.-des-Petits-Champs	r. de Grammont	7
Ménars (de) O.	2	r. Richelieu	r. de Grammont	7
Ménilmontant O.	6, 8	boul. des Filles-du-Calv.	barr. Ménilmontant	24
Mercier O.	4	r. de Viarmes	r. de Grenelle	16
Mercière P.	11	encl. du Marché-S.-G.		41
Meslay Ci. F.	6	r. du Temple	r. Saint-Martin	22
Messageries (des) H. O.	3	r. de Paradis	r. du Faub.-Poissonn.	9
Messine (de) O.	1	r. de la Bienfaisance	r. de Valois	1
Métiers (des) Da.	6	r. du Commerce	r. des Arts	21
Mézières (de) O. F. B.	11	r. du Pot-de-Fer	r. Cassette	41
Michel (Saint-) C.	1	r. Maison-Neuve	r. S.-Jean-Baptiste	1
Michel-le-Comte O.	7	r. Sainte-Avoye	r. Beaubourg	25
Michodière O.	2	carrefour Gaillon	boulevard des Italiens	7
Mignon Da.	11	r. du Battoir	r. du Jardinet	42
Milan O.	1	r. du Faub.-du-Roule	r. de Chartres	1
Milan O. Bé.	1	r. de Clichy	place de l'Europe	1
Minimes (des) O. Bé.	8	r. des Tournelles	r. Saint-Louis	29
Miromesnil O.	1	r. du Faub.-S.-Honoré	r. d'Amsterdam	1
Moineaux (des) Di.	2	r. des Orties	r. Neuve-Saint-Roch	6
Molay Ci.	7	r. Porte-Foin	r. de la Corderie	26
Molière O.	11	place de l'Odéon	r. de Vaugirard	42
Monceaux O.	1	r. du Faub.-du-Roule	r. de Chartres	1
Mondétour O.	4, 5	r. des Prêcheurs	r. Mauconseil	11
Mondovi (de) O.	1	r. de Rivoli	r. Mont-Thabor	4
Monnaie (de la) O. P.	4	r. S.-Germain-l'Auxerr.	r. des F.-S.-G.-l'Aux.	14
Monsieur (de) T.	10	r. de Babylone	r. Plumet	38
Monsieur-le-Prince P.	11	carrefour de l'Odéon	r. de Vaugirard	42
Monsigny O.	2	r. Dalayrac	r. N.-Saint-Augustin	7
Montagne-Ste-Genev.	12	place Maubert	pl. S.-Etien.-du-Mont	45
Montaigne O.	1	r. des Champs-Elysées	r. du Faub.-S.-Honoré	2
Montesquieu Da. T. F.	4	r. Croix-des-Pet.-Champs	r. des Bons-Enfants	16
Montfaucon P.	11	r. du Four	marché S.-Germain	41
Montgalet Di.	8	r. de Charenton	r. de Reuilly	32
Montgolfier O.	6	marché Saint-Martin	r. du Vert-Bois	22
Montgolfier O.	6	r. Conté	r. Ferdin.-Berthould	22
Montholon P.	2	r. du Faub.-Poissonnière	r. Rochechouart	8
Montmartre P. T. Da.	2, 3	pointe Saint-Eustache	boulevard Montmartre	12

Rues	Arr.	Commence	Finit	
Montmartre (du Fb.)	2	boulevard Montmartre	r. Saint-Lazare	5
Montmorency Ci.	7	r. du Temple	r. Saint-Martin	25
Montorgueil O.	3, 5	pointe Saint-Eustache	r. du Cadran	20
Mont-Parnasse P.	11	r. N.-D.-des-Champs	barr. Mont-Parnasse	41
Montpensier O.	2	r. Richelieu	r. Beaujolais	6
Montpensier O. Da.	2	r. de Valois	r. de Rohan	6
Montreuil (de) O.D.	8	r. du Faub.-S.-Antoine	barrière de Montreuil	31
Mont-Thabor (du) O.	1	r. d'Alger	r. Mondovi	4
Moreau O.	8	r. de Bercy	r. de Charenton	32
Morts (des) Ci.	5	r. des Ecluses	r. du Faub.-du-Temple	18
Moscou (de) O. Ba.	1	r. de Clichy	r. d'Amsterdam	1
Mouffetard H.	12	r. de Fourcy	barr. Fontainebleau	47
Moulin-Joli (du) Da.	6	r. des Trois-Couronnes	r. Lorillon	36
Moulins (des) F. O.	2	r. des Orties	r. N.-des-Pet.-Champs	6
Moulins-Saint-Antoine	8	barrière de Reuilly	r. Picpus	32
Moussy Di.	7	r. de la Verrerie	r. Ste-Croix-la-Breton.	27
Muette (de la) O.	8	r. de Charonne	r. de la Roquette	30
Mulets (des) Di.	2	r. d'Argenteuil	r. des Moineaux	6
Mulhouse T.	3	r. Cléry	petite rue Saint-Roch	10
Munich C.	1	r. de Courcelles	r. de la Plaisance	1
Mûrier (du) H. F.	12	r. Saint-Victor	r. Traversine	47
Musée (du) Da. O.	1, 4	r. Saint-Honoré	place du Musée	6

N

Rues	Arr.	Commence	Finit	
Naples (de) O. Ba.	1	place de l'Europe	r. Saint-Lazare	2
Navarin O. F.	2	r. des Martyrs	r. Breda	8
Nazareth Da. F.	11	cour de la Ste-Chapelle	r. de Jérusalem	44
Necker O.	8	r. d'Ormesson	r. Jarente	
Nemours O.	6	r. Ménilmontant	r. d'Angoulême	24
Neuve-Saint-Anastase	9	r. Saint-Paul	r. Charlemagne	36
Neuve-d'Angoulême O.	6	r. Ménilmontant	r. d'Angoulême	30
Neuve-S.-Augustin	1, 2	r. Richelieu	boulev. des Capucines	7
Neuve-de-Babylone T	10	avenue de Villars	place Fontenoy	39
Neuve-Bellechasse Bé.	10	r. Saint-Dominique	r. de Grenelle	40
Neuve-de-Berry O. C.	1	avenue de Neuilly	r. du Faub.-du-Roule	2
Neuve-des-Bons-Enf.	2, 4	r. Baillif	r. N.-des-Pet.-Champs	6
Neuve-Bourg-l'Abbé O.	6	r. Saint-Martin	r. Bourg-l'Abbé	21
Neuve-de-Bretagne O.	8	r. Neuve-Ménilmontant	r. des Filles-du-Calv.	29
Neuve-Breda F. O.	2	r. des Martyrs	r. Breda	5
Neuve-de-Clichy Ba.	1	r. de Clichy	r. d'Amsterdam	1
Neuve-des-Capucines O	1	r. de la Paix	boul. de la Madeleine	3
Neuve-des-Capucins Di	1	place Sainte-Croix	r. de la Chauss.-d'Ant.	3
Neuve-Ste-Catherine O.	8	r. S.-Louis-au-Marais	r. Païenne	29

Rues	*Arr.*	*Commence*	*Finit*	Qrs
Neuve-de-la-Cerisaie O,	9	boulevard Bourdon	r. Lesdiguières	36
Neuve-Chabrol Da.	5	r. du Faub.-Saint-Martin	r. du Faub.-S.-Denis	17
Neuve-Saint-Charles O.	1	r. du Faub.-du-Roule	r. de Courcelles	1
Neuve-des-P.-Cham. 1,	2	r. N.-des-Bons-Enfants	place Vendôme	7
Neuve-Chauchat O.	2	r. Pinon	r. de Provence	5
Neuve-du-Colombier O	8	r. Saint-Antoine	marché Ste-Catherine	29
Neuve-Sainte-Croix C.	2	r. Saint-Nicolas	r. Saint-Lazare	5
Neuve-Saint-Denis Da.	6	r. Saint-Martin	r. Saint-Denis	21
Neuve-des-Écuries Da.	10	avenue Lowendal	av. Lamothe-Piquet	39
Neuve-Saint-Étienne	12	r. Copeau	r. Contrescarpe	47
Neuve-Saint-Étienne O	5	r. Beauregard	boulev. Bonne-Nouv.	19
Neuve-Saint-Eustache	3	r. Montmartre	r. du Petit-Carreau	10
Neuve-de-la-Ferme O.	1	boulev. de la Madeleine.	r. Neuve-des-Mathurins	3
Neuve-de-la-Fidélité O.	5	r. de la Fidélité	r. Neuve-Saint-Jean	17
Neuve-Saint-François O	8	r. Vieille-du-Temple	r. Saint-Louis	29
Neuve-Ste-Geneviève	12	r. Contrescarpe	r. des Postes	46
Neuve-Saint-Georges O	2	place Saint-Georges	r. Saint-Lazare	5
Neuve-Saint-Gilles O.	8	boulev. Beaumarchais	r. Saint-Louis	29
Neuve-Grange-Batel. O	2	boulevard des Italiens.	r. Pinon	5
Neuve-Guillemin O. P.	11	r. du Four	r. du Vieux-Colombier	41
Neuve-Saint-Jean Da.	5	r. du Faub.-S.-Martin	r. du Faub.-S.-Denis	17
Neuve-Saint-Laurent Ci	6	r. du Temple	r. de la Croix	22
Neuve-de-Lappe O.	8	r. de Charonne	r. de la Roquette	31
Neuve-Luxembourg O.	1	r. de Rivoli	boul. de la Madeleine	4
Neuve-Saint-Marc O.	2	r. Richelieu	place des Italiens	7
Neuve-Saint-Martin Da	6	r. du Pont-aux-Biches	r. Saint-Martin	22
Neuve-des-Mathurins D	2	r. Chaussée-d'Antin	r. de l'Arcade	5
Neuve-Saint-Médard H	12	r. Gracieuse	r. Mouffetard	47
Neuve-Ménilmontant O,	8	r. Saint-Louis	b. des Filles-du-Calv.	29
Neuve-Montmorency O.	2	r. Feydeau	r. Saint-Marc	7
Neuve-Saint-Nicolas Da,	5	r. Samson	r. du Faub.-S.-Martin	18
Neuve-Notre-Dame P.	9	place du Parvis.	r. de la Cité	35
Neuve-de-l'Oratoire O.	1	avenue de Neuilly	r. du Faub.-du-Roule	2
Neuve-Saint-Paul O. Bé.	9	r. Beautreillis	r. Saint-Paul	36
Neuve-des-Pet.-Pères	3	r. de la Feuillade	r. Vide-Gousset	12
Neuve-Saint-Pierre O.	8	r. Neuve-Saint-Gilles	r. des Douze-Portes	29
Neuve-Plumet Bé. Da.	10	boulev. des Invalides	avenue de Breteuil	39
Neuve-des-Poirées P,	11	pl. du Coll.-Louis-le-Gr.	r. des Cordiers	43
Neuve-de-Poitiers O.	1	r. Neuve-de-Berry	r. de l'Orat.-du-Roule	1
Neuve-Popincourt P.	8	r. Ménilmontant	passage Popincourt	30
Neuve-Richelieu Da. F.	11	place Sorbonne	r. de la Harpe	43
Neuve-Saint-Roch O. F.	2	r. Saint-Honoré	r. N.-des-Pet.-Champs	6
Neuve-Saint-Sauveur T.	5	r. Damiette	r. du Petit-Carreau	19
Neuve-Saint-Merri Da.	7	r. Sainte-Avoye	r. Saint-Martin	25
Neuve-Coquenard H. C.	2	r. Coquenard	r. de la Tour-d'Auverg.	8

Rues	*Arr.*	*Commence*	*Finit*	*Q*
Neuve-S.-Gilles (Pet.) O	8	r. Neuve-S.-Gilles	boulev. Beaumarchais	29
Neuve-Samson O.	5	r. des Marais.	quai Valmy	18
Neuve-de-la-Banque O.	0	r. des Petits-Champs	place de la Bourse	
Neuve-de-la-Vierge Bé.	10	quai d'Orsay	r. de l'Université	40
Neuve-Vivienne F.	2	r. S.-Marc-Feydeau	boulev. Montmartre	7
Nevers (de) Bé.	10	quai Conti	r. d'Anjou	37
Newton O.	1	r. du Ch.-de-Versailles	barrière de Neuilly	2
Nicaise (Saint-) O.	1	r. de Rivoli	r. Saint-Honoré	4
Nicolas (Saint-) O.	8	r. de Charenton	r. du Faub.-S.-Antoine	32
Nicolas (Saint-) Di.	1	r. de la Chaussée-d'Antin	r. de l'Arcade	
Nicola -du-Chard. (S.)	12	r. Saint-Victor	r. Traversine	47
Nicolet Bé.	10	quai d'Orsay	r. de l'Université	39
Nonaindières O. H. P.	9	quai des Ormes	rue de Jouy	34
Nord (du) F,	3	r. des Magasins	r. Lafayette	8
Normandie (de) O.	6	r. Boucherat	r. Charlot	24
Nôtre (Le) O. C.	1	allée des Veuves	r. du Colysée	2
N.-D.-des-Champs P.	11	r. de Vaugirard	pl. de l'Observatoire	41
N.-D.-Bonne-Nouvelle	5	r. Beauregard	boul. Bonne-Nouvelle	19
N.-D.-de-Nazareth Ci.	6	r. du Temple	r. du Pont-aux-Biches	22
N.-Dame-des-Grâces O.	1	r. de la Madeleine	r. d'Anjou-S.-Honoré	1
N.-Dame-de-Lorette O.	2	r. Saint-Lazare	place Saint-Georges	5
N.-D.-de-Recouvrance	5	r. Beauregard	boul. Bonne-Nouvelle	19
N.-D.-des-Victoires	2, 3	carref. des Petits-Pères.	r. Montmartre	7
Noyers (des) Bé.	12	place Maubert.	r. Saint-Jacques	45

O

Oblin Da. O.	4	r. de Viarmes	r. Coquillière	16
Observance (de l') F.	11	r. de l'Ecole-de-Médecine	r. Monsieur-le-Prince	42
Odéon (de l') O.	11	carrefour de l'Odéon	place de l'Odéon	42
Ogniard Di.	6	r. Saint-Martin	r. des Cinq-Diamants	23
Oiseaux (des) O.	7	marc. des Enfants-Rouges	r. de Beauce	26
Olivet (d') T.	10	r. des Brodeurs	r. Traverse	38
Olivier-S.-Georges O.	2	r. du Faub.-Montmartre	r. Saint-Georges	5
Orangerie (de l') H.	12	r. d'Orléans	r. Censier	46
Oratoire (de l') O.	4	place de l'Oratoire	r. Saint-Honoré	13
Oratoire (de l') O.	1	avenue de Neuilly	r. du Faub.-du-Roule	2
Orfèvres (des) F. P. Da.	4	r. S.-Germain-l'Auxerrois	r. Jean-Lantier	14
Orléans-S.-Honoré (d')	4	r. Saint-Honoré	r. des Deux-Ecus	16
Orléans au Marais (d') O	7	r. des Quatre-Fils	r. de Poitou	26
Orléans-S.-Marcel (d')	12	r. du Jardin-du-Roi	r. Mouffetard	46
Ormeaux (des) O.	8	place du Trône	r. de Montreuil	31
Ormesson (d') O.	8	r. Culture-Ste-Catherine	r. du Val-Ste-Cather.	29
Orties (des) Di.	2	r. d'Argenteuil	r. Sainte-Anne	6
Oseille (de l') O.	8	r. Saint-Louis	r. Vieille-du-Temple	29

Rues	Arr.	Commence	Finit	Qrs
Ouest (de l') T.	11	r. de Vaugirard	boul. Mont-Parnasse	41
Ours (aux) O.	6	r. Saint-Martin	r. Saint-Denis	24

P.

Rues	Arr.	Commence	Finit	Qrs
Pagevin Da. O.	3	r. de la Jussienne	r. des Vieux-August.	12
Pafenne O,	8	r. Neuve-Ste-Catherine	r. du Parc-Royal	29
Paix (de la) O. P.	1	r. N.-des-Petits-Champs	boul. des Capucines	3
Palatine O. P. Bé. T.	11	r. Garancière	place Saint-Sulpice	41
Paon (du) H. F.	12	r. Saint-Victor	r. Traversine	47
Paon-S.-André (du) D	11	r. du Jardinet	r. de l'Ecole-de-Méd.	42
Paon-Blanc (du) O.	9	quai des Ormes	r. de l'Hôtel-de-Ville	34
Papillon P.	2	r. Bleue	place Montholon	8
Paradis (de) O.	7	r. Vieille-du-Temple	r. du Chaume	26
Paradis (de) Da.	3	r. du Faub.-Saint-Denis	r. du Faub.-Poissonn.	9
Parcheminerie (de la)	11	r. Saint-Jacques	r. de la Harpe	43
Parc-Royal (du) O.	8	r. Saint-Louis	r. de Thorigny	29
Paris (de) Di.	1	place de l'Europe	boulevard de Monceau	1
Pascal P. H. F.	12	r. Mouffetard	r. de la Glacière	46
Pas-de-la-Mule (du) O.	8	boulevard Beaumarchais	place Royale	29
Pastourelle Ci.	7	r. du Grand-Chantier	r. du Temple	26
Paul (Saint-) O.	9	quai Saint-Paul	r. Saint-Antoine	36
Pavée-Saint-André Da	11	quai des Augustins	r. S.-André-des-Arts	42
Pavée-Saint-Sauveur O	5	r. des Deux-Portes	r. Montorgueil	20
Pavée au Marais O.	7	r. du Roi-de-Sicile	r. Neuve-Ste-Cather.	27
Paxent (Saint-) O.	6	r. Bailly	r. Royale-S.-Martin	22
Pélican (du) Da. F.	4	r. de Grenelle-S.-Honoré	r. Croix des-Pet.-Ch.	16
Pelé (ruelle) Di.	8	canal Saint-Martin	Petite-rue-S.-Pierre	30
Pèlerins-S.-Jacq. (des)	5	r. du Cloître-S.-Jacques	r. Mondétour	20
Pelleterie (de la) Da. Ci.	9	pont Notre-Dame	pont au Change	35
Pépinière (de la) C.	1	r. de Courcelles	r. Saint-Honoré	1
Percée O.	9	r. Charlemagne	r. Saint-Antoine	36
Percée-Saint-André Da	11	r. de la Harpe	r. Hautefeuille	42
Percée au Marais Ci.	6	marché du Temple	r. du Temple	24
Perche (du) O.	7	r. Vieille-du-Temple	r. d'Orléans	26
Percier O.	2	r. Laffitte	r. la Rochefoucault	5
Perdue H.	12	r. des Grands-Degrés	place Maubert	45
Pérignon Bé. Da.	10	avenue de Saxe	barr. de l'Ecole-Milit.	39
Périgueux (de) O.	6	r. de Bretagne	r. Boucherat	24
Périne (Sainte-) C.	1	Grande-rue-de-Chaillot	dans les champs	2
Perle (de la) O.	8	r. de Thorigny	r. Vieille-du-Temple	29
Perrée Ci.	6	r. Caffarelli	r. du Temple	24
Perrin-Gasselin F.	4	r. Saint-Denis	r. de la V.-Harengerie	15
Perpignan (de) O.	9	r. des Marmouzets	r. des Trois-Canettes	35
Pétersbourg (Saint-) O.	1	place de l'Europe	barrière de Clichy	1

Rues	Arr.	Commence	Finit	Q
Petite-des-Acacias Bé.	10	boulevard des Invalides	place Breteuil	39
Petits-Augustins (des)	10	quai Malaquais	r. Jacob	37
Petite-rue-d'Austerlitz	12	boulevard de l'Hôpital	boulevard d'Ivry	47
Petite-rue-du-Bac T.	10	r. de Sèvres	r. du Cherche-Midi	38
Petit-Banquier (du) G.	12	r. du Grand-Banquier	boulevard de l'Hôpital	46
Petit-Bourbon (du) O.	11	r. de Tournon	place Saint-Sulpice	41
Petit-Carreau (du) T	3,5	r. du Cadran	r. de Cléry	9
Petit-Champ (du) F.	12	r. du Chant-de-l'Alouette	r. de la Glacière	46
Petits-Champs (des) Da	7	r. Beaubourg	r. Saint-Martin	25
Petit-Chevert (du) Da.	10	r. Chevert	aven. Lamothe-Piquet	39
Petite-Corderie (de la)	6	rotonde du Temple	r. Dupuis	24
Petit Crucifix (du) O.	6	r. S.-Jacques-la-Bouch.	place du même nom	23
Petite-rue-du-Désert C	2	r. Saint-Lazare	r. du Désert	5
Petites-Ecuries (des) F	3	r. du Faubourg-S.-Denis	r. du Faub.-Poissonn.	9
Petite-Friperie (de la)	4	r. de la Grande-Friperie	r. de la Tonnellerie	15
Petit-Gentilly (du) H.	12	r. Mouffetard	bou'evard des Gobelins	46
Pet.-r.-Neuve-S.-Gilles	8	boulevard Beaumarchais	r. Saint-Louis	29
Petits-Hôtels (des) Da.	3	place Lafayette	r. des Magasins	9
Petit-Hurleur (du) F.	6	r. Bourg-l'Abbé	r. Saint-Denis	21
Petite-rue-d'Ivry G.	12	boulevard de l'Hôpital	r. Ville-Juif	47
Petit-Lion (du) F.	5	r. Saint-Denis	r. des Deux-Portes	20
Petit-Lion (du) O. Bé.	11	r. de Condé	r. de Seine	41
Petite-rue-Marivaux O.	6	r. de la Vieille-Monnaie	r. Marivaux	23
Petit-Moine (du) H.	12	r. de Scipion	r. Mouffetard	46
Petit-Musc (du) O.	9	quai des Célestins	r. Saint-Antoine	36
Petit-Pont (du) Da	11, 12	place du Petit-Pont	r. Galande	43
Petite-rue-Saint-Pierre	8	r. Amelot	r. du Chemin-Vert	29
Petit-Reposoir (du) O.	3	r. des Vieux-Augustins	place des Victoires	12
Petite-rue-de-Reuilly	8	r. de Charenton	Grande-rue-de-Reuilly	32
Petite-rue-Taranne P.	10	r. de l'Egout	r. du Dragon	37
Petit-Thouars (du) O.	6	pl. de la Rot.-du-Temple	r. du Temple	24
Petite-Truanderie (la)	5	r. Mondétour	r. de la Gr.-Truander.	20
Petite-rue-Verte O, C.	1	r. du Faub.-S.-Honoré	r. Verte	1
Pet.-r.-des-Vinaigriers	5	r. Grange-aux-Belles	r. de l'Hôpit.-S.-Louis	18
Petite-Voirie (de la) O.	8	r. Popincourt	aux champs	30
Pet.-Voirie (de la) Roule	1	r. de la Voirie	r. de la Bienfaisance	1
Petrel H. P.	3	r. du Faub.-Poissonnière	r. du Rochechouart	9
Phélippeaux Ci.	6	r. du Temple	r. Frépillon	22
Philippe (S.-) B.-N. T.	5	r. Bourbon-Villeneuve	r. de Cléry	19
Philippe (Saint-) O.	6	r. Bailly	r. Royale-S.-Martin	22
Picpus (de) O.	8	r. du Faub.-S.-Antoine	barrière Picpus	32
Pied-de-Bœuf O. F. H.	7	place du Châtelet	r. de la Tuerie	28
Pierre-Popincourt (S.)	8	r. Saint-Sébastien	r. Ménilmontant	30
Pierre-Montmartre (S.)	3	r. Montmartre	r. N.-D.-des-Victoires	12
Pierre-à-Poissons O. F.	4	place du Châtelet	r. de la Saunerie	14

Rues	Arr.	Commence	Finit	Qr
Pierre-Assis H.	12	r. Mouffetard	r. Saint-Hippolyte	46
Pierre-au-Lard Da.	7	r. Neuve-Saint-Merri	r. du Poirier	25
Pierre-Lescot O.	4	place du Musée	r. Saint-Honoré	18
Pierre-Levée Ci.	5	r. des Trois-Bornes	r. Fontaine-au-Roi	24
Pierre-Lombard H.	12	place de la Collégiale	r. Mouffetard	46
Pierre-Sarrasin P. Da.	11	r. de la Harpe	r. Hautefeuille	42
Pigale O. F.	2	r. Blanche	barrière Montmartre	5
Pinon O.	2	r. Laffitte	r. N.-Grange-Batelière	5
Pirouette O. F.	4, 5	carreau de la Halle	r. Montdétour	20
Placide (Sainte-) T.	10	r. de Sèvres	r. du Cherche-Midi	38
Planche (de la) T.	10	r. de la Chaise	r. du Bac	38
Planche-Mibray Da.	7	pont Notre-Dame	r. Saint-Jacq.-la-Bouc.	28
Planchette (de la) O.	8	r. Lacuée	r. de Charenton	32
Plat-d'Étain (du) D.	4	r. des Lavandières	r. des Déchargeurs	13
Plâtre (du) H.	12	r. des Anglais.	r. Saint-Jacques	45
Plâtre (du) Marais O.	7	r. de l'Homme-Armé.	r. Sainte-Avoye	26
Plumet Bé. Da.	10	boulevard des Invalides	r. des Brodeurs	38
Poirées (des) H. F.	11	place du Coll. Louis-le-G.	r. de Cluny	43
Poirier (du) Da.	7	r. Neuve-Saint-Merri	r. Simon-le-Franc	25
Poissonnière P. T.	3, 5	r. de Cléry	boulev. Poissonnière	10
Poissonnière (du F.)	2, 3	boulevard Poissonnière	barrière Poissonnière	8
Poissy (de) Bé.	12	quai de la Tournelle	r. Saint-Victor	47
Poitevins (des) Da.	11	r. Hautefeuille	r. du Battoir	42
Poitiers (de) Bé. Da.	10	quai d'Orsay	r. de l'Université	48
Poitou (de) O, Bé.	7	r. Vieille-du-Temple.	r. d'Orléans	26
Polissart O.	7	r. des Hospitalières	r. Vieille-du-Temple	25
Poliveau G.	12	boulevard de l'Hôpital.	r. du M.-aux-Chevaux	46
Pompe (de la) Ba.	10	quai d'Orsay	r. de l'Université	39
Ponceau (du) Da.	6	r. Saint-Martin	r. Saint-Denis	21
Pont (du) C.	1	r. Basse-S.-Pierre.	r. de Chaillot	2
Pont-aux-Biches (du)	6	r. Neuve-Saint-Laurent.	r. N.-D.-de-Nazareth	22
Pont-aux-Biches (du)	12	r. Censier.	r. du Fer-à-Moulin	46
Pont-aux-Choux (du) O	8	boulevard Beaumarchais	r. Saint-Louis	29
Pont-de-Lodi (du) P.	11	r. des Grands-Augustins	r. Dauphine	42
Pont-de-la-Triperie Bé	10	r. de la Pompe	pont d'Antin	39
Pont-Louis-Philippe O	9	quai de l'Hôtel-de-Ville.	r. Sainte-Antoine	34
Ponthieu (de) O. C.	1	place Matignon	r. Neuve-de-Berry	2
Pontoise (de) H. Bé.	12	quai de la Tournelle	r. Saint-Victor	47
Popincourt (de) O.	8	r. de la Roquette.	r. Ménilmontant	30
Poquet C.	1	r. de Chaillot.	r. Newton	2
Port-Mahon (du) O.	2	carrefour Gaillon	r. Louis-le-Grand	7
Port-Royal F. H.	12	r. du Faub.-S.-Jacques	r. d'Enfer	48
Porte-Foin O. Ci.	7	r. des Enfants-Rouges.	r. du Temple	26
Postes (des) H.	12	place de l'Estrapade	r. de l'Arbalète	48
Pot-de-Fer-S.-G. (du)	11	r. du Vieux-Colombier.	r. de Vaugirard	41

Rues	*Arr.*	*Commence*	*Finit*	Qrs
Pot-de-Fer-S.-Marcel	12	r. Mouffetard	r. des Postes	48
Poterie (de la) O.	4	r. de la Lingerie	r. de la Tonnellerie	15
Poterie (d. la) D.	7	r. de la Tixeranderie	r. de la Verrerie	28
Pothier (Ch.-Elysées) O	1	r. d'Angoulême	r. de l'Oratoire	1
Potiers-d'Etain (des) O.	4	r. de la Cossonnerie.	r. Pirouette	15
Poules (des) H.	12	r. de la Vieille-Estrapade.	r. du Puits-qui-parle	48
Poulies (des) O. Da. H.	4	place du Louvre.	r. Saint-Honoré	14
Poultier Bé. H. O.	9	quai de Béthune.	quai d'Anjou	
Poupée Da.	11	r. de la Harpe.	r. Hautefeuille.	
Pourtour (du) O.	9	r. François-Miron.	place Baudoyer	
Prêcheurs (des) O.	4	r. Saint-Denis	r. des Potiers-d'Etain	15
Prêtres-S.-Séverin P.	11	r. Saint-Séverin	r. de la Parcheminerie	43
Prêtres-S.-G.-l'Auxer. O	4	r. de la Monnaie	place S.-Germ.-l'Aux.	14
Prêtres-Saint-Etienne	12	r. Descartes	pl. S.-Etienne-du-M.	45
Princesse P.	11	r. du Four	r. Guisarde	41
Projetée de Chaillot C,	1	r. Roquepine	r. de la Pépinière	1
Prouvaires (des) O.	3	r. Saint-Honoré	r. Traînée	11
Provence (de) O. H.	2	r. du Faub.-Montmartre.	r. de la Ch.-d'Antin	5
Puits (du) O.	7	r. Sainte-Cr.-de-la-Bret.	r. des Bl.-Manteaux	26
Puits-de-l'Ermite (du)	12	r. du Battoir	r. Gracieuse	47
Puits-qui-parle (du) H	12	r. Ne-Sainte-Geneviève	r. des Postes	48
Pyramides (des) O.	1	place de Rivoli.	r. Saint-Honoré	4

Q

Quatre-Chemins (des)	8	r. de Reuilly	barrière de Reuilly	32
Quatre-Fils (des) O.	7	r. Vieille-du-Temple.	r. du Grand-Chantier	26
Quatre-Vents (des) P.	11	r. de Condé	r. de Seine	41
Quincampoix O.	6	r. Aubry-le-Boucher	r. aux Ours	23
Quinze-Vingts O.	1	r. de Valois	r. de Rohan	4

R

Rabelais O.	9	r. Saint-Paul.	r. Saint-Antoine	36
Racine P. Da. F.	11	r. de la Harpe	place de l'Odéon	42
Rambouillet (de) O. D.	8	r. de Bercy	r. de Charenton	32
Rambuteau O. H.	5, 6, 7	r. du Chaume	à la Halle	26
Rameau O.	2	r. Richelieu.	r. Sainte-Anne	7
Rats (des) O.	8	r. Folie-Regnault	anc. barr. des Rats	30
Ravel F.	10	r. de Sèvres	r. du Cherche-Midi	38
Réale (de la) O. Da.	5	r. de la Tonnellerie	r. de la Gr.-Truander.	20
Récollets (des) Da.	5	r. Grange-aux-Belles	r. du Faub.-S.-Martin	18
Regard (du) O. P.	10, 11	r. du Cherche-Midi	r. de Vaugirard	38
Regnard O.	11	place de l'Odéon	r. de Condé	42

Rues	Arr.	Commence	Finit	Qrs
Regnault-Lefèvre Di.	7	place Baudoyer.	anc. marché S.-Jean	27
Regratière Bé. O.	9	quai d'Orléans	r. S.-Louis-en-l'Ile	33
Reims (de) H.	12	r. des Sept-Voies	r. des Cholets	45
Reine-Blanche (de la)	12	r. des Foss.-S.-Marcel.	r. Mouffetard	46
Rempart (du) O.	2	r. Saint-Honoré.	r. Richelieu	6
Renard (du) F.	5	r. Saint-Denis	r. des Deux-Portes	20
Renard (du) Di.	7	r. de la Verrerie	r. Neuve-Saint-Merri	25
Reuilly (de) O.	8	r. du Faub.-S.-Antoine.	barrière de Reuilly	32
Révolte (de la) O. C.	1	Champs Elysées	r. du Faub.-du-Roule	2
Reynie (de la) D.	6	r. des Cinq-Diamants	r. Saint-Denis	23
Riboutė P.	2	r. Bleue	place Montholon	8
Richer P.	2	r. du Faub.-Poissonn.	r. du Faub.-Montmartre	8
Richelieu O. H.	2	r. Saint-Honoré	boul. Montmartre	6
Richepanse O.	1	r. Saint-Honoré	r. Duphot	3
Rivoli (de) O.	1	r. de Rohan	r. Saint-Florentin	4
Roch (Saint-) O. F.	3	r. Poissonnière	r. du Gros Chenet	10
Rochechouart H.	2	r. Montholon	barr. Rochechouart	8
Rochefoucault (de la) F	2	r. Saint-Lazare	barr. Montmartre	5
Rocher (du) O. D.	1	r. de la Pépinière	barr. de Monceaux	1
Rohan (de) O.	1	r. de Rivoli	r. Saint-Honoré	4
Rohan (de) Da.	11	r. du Jardinet	cour du Commerce	42
Roi-de-Sicile (du) P.	7	r. des Ballets	r. Vieille-du-Temple	27
Roi-Doré (du) O.	8	r. S.-Louis-au-Marais	r. Saint-Gervais	20
Romain (Saint-) T.	10	r. de Sèvres	r. du Cherche-Midi	38
Rome (de) O. D. Ba.	1	r. de Stockholm	place de l'Europe	1
Roquépine O. C.	1	r. d'Astorg	r. de la Ville-l'Evêque	1
Roquette (de la) O.	8	place de la Bastille	r. de la Muette	31
Rosiers (des) O.	7	r. des Juifs	r. Vieille-du-Temple	27
Rotonde (de la) O. Ci.	6	marché du Temple	r. de Vendôme	24
Rougemont O.	2	boul. Poissonnière	r. Bergère	8
Roule (du) O.	4	r. Béthizy	r. Saint-Honoré	13
Roule (du Faub.-du-) O	1	r. d'Angoulême	barr. du Roule	1
Rousselet-S.-Germain	10	r. Plumet	r. de Sèvres	38
Rousselet-Ch.-Elysées	1	r. du Colysée	avenue Matignon	2
Royale P. O.	1	place de la Concorde	r. Saint-Honoré	2
Royale O.	8	r. Saint-Antoine	place Royale	29
Royale O.	6	marché Saint-Martin	cour Saint-Martin	22
Royer-Collard H.	11-12	r. d'Enfer	r. Saint-Jacques	11
Rumfort C.	1	r. Lavoisier	r. de la Pépinière	1

S

Rues	Arr.	Commence	Finit	Qrs
Sabin (Saint-) O.	8	r. d'Aval	r. du Chemin-Vert	30
Sabot (du) F. O. P.	10	petite rue Taranne	r. du Four	37
Saintonge (de) O.	6	r. de Bretagne	boul. du Temple	24
Saints-Pères (des) O. P	10	quai Voltaire	r. de Grenelle	

Rues	*Arr.*	*Commence*	*Finit*	Q^rs
Salle-au-Comte O.	6	r. Saint-Magloire	r. aux Ours	23
Samson O.	5	r. de Bondy	r. des Marais	18
Santé (de la) H.	12	champ des Capucins	boul. Saint-Jacques	
Sartine (de) O. Da.	4	r. de Viarmes	r. Coquillière	16
Saunerie (de la) O. P.	4	quai de la Mégisserie	r. S.-Germ.-l'Auxerr.	14
Saussayes (des) O. C.	1	r. du Faub.-S.-Honoré	r. de Surêne	1
Sauveur (Saint-) F. O.	5	r. Saint-Denis	r. Montorgueil	20
Savonnerie (de la) O.	6	r. S.-Jacq.-la-Boucherie	r. de la Heaumerie	21
Savoie (de) Da.	11	r. Pavée-Saint-André	r. des Gr.-Augustins	42
Scipion (de) H.	12	r. du Fer-à-Moulin	r. des Fr.-Bourgeois	36
Sébastien (Saint-) O.	8	r. Saint-Pierre	r. Popincourt	30
Seine (de) F. P.	10, 11	quai Malaquais	r. de Tournon	37
Sentier (du) O.	3	r. Saint-Roch	boul. Montmartre	10
Sept-Voies (des) H.	12	r. du Mont-S.-Hilaire	r. S.-Etienne-d.-Grès	45
Serpente Da.	11	r. de la Harpe	r. Hautefeuille	42
Servandoni Da. F.	11	r. Palatine	r. de Vaugirard	41
Séverin (Saint-) F.	11	r. Saint-Jacques	r. de la Harpe	43
Sèvres (de) O. F. P.	10	carr. de la Croix-Rouge	barr. de Sèvres	38
Simon-le-Franc Da.	7	r. Sainte-Avoie	r. Beaubourg	27
Singes (des) O.	7	r. Ste-Croix-de-la-Bret.	r. des Bl.-Manteaux	26
Soly (de) Da. O, T.	3	r. de la Jussienne	r. des Vieux-August.	12
Sorbonne (de) P.	11	r. des Mathurins	place Sorbonne	43
Soufflot P. H.	12	place du Panthéon	r. d'Enfer	45
Sourdière (de la) O. F.	2	r. Saint-Honoré	r. de la Corderie	6
Spire (Saint-) F. O.	5	r. des Filles-Dieu	r. Sainte-Foix	19
Stanislas P.	11	r. N.-D.-des-Champs	boul. Mont-Parnasse	41
Stockholm (de) O. Ba.	1	place de l'Europe	r. de Lisbonne	1
Suger Da.	11	pl. Saint-André-des-Arts	r. de l'Eperon	42
Sully (de) O.	9	r. Castex	place Morland	36
Surêne (de) O.	1	église de la Madeleine	r. des Saussayes	1

T

Rues	*Arr.*	*Commence*	*Finit*	Q^rs
Tabletterie (de la) F.	4	r. Saint-Denis	r. de la Vieille-Hareng.	15
Tacherie (de la) Da.	7	r. de la Coutellerie	r. Jean-Pain-Mollet	28
Taillepain Da.	7	cloître Saint-Merri	r. Brisemiche	25
Taitbout O.	2	boul. des Italiens	r. de Provence	5
Tannerie (de la) Di.	7	pl. de l'Hôtel-de-Ville	r. Planche-Mibray	28
Taranne O. P. F.	10	r. Saint-Benoît	r. des Saints-Pères	37
Temple (du) O. P. Ci.	6, 7	r. des Vieilles-Audriettes	boul. du Temple	26
Temple (du F.-du-)	5, 6	boul. du Temple	barr. de Belleville	18
Terres-Fortes (des) O.	8	r. de la Contrescarpe	r. Moreau	32
Thérèse Ba. F.	2	r. Sainte-Anne	r. Ventadour	6
Thévenot T.	5	r. Saint-Denis	r. du Petit-Carreau	20
Thibaut-aux-Dés O. P.	4	r. S.-Germ.-l'Auxerrois	r. des Deux-Boules	14

Rues	Arr.	Commence	Finit	Q^rs
Thiroux Di. F. O.	1	r. Neuve-des-Mathurins	r. Saint-Nicolas	3
Thomas-d'Aquin (S.-)	10	r. du Bac	p. S.-Thomas-d'Aquin	40
Thomas (Saint-) F.	11	r. Saint-Jacques	r. d'Enfer	43
Thomas-du-Louvre (S.)	1	r. du Carrousel	place du Palais-Royal	4
Thorigny O.	8	r. du Parc-Royal	r. Saint-Anastase	29
Tiquetonne O.	5	r. Montorgueil	r. Montmartre	11
Tirechappe O.	4	r. Béthisy	r. Saint-Honoré	13
Tiron O.	7	r. Saint-Antoine	r. du Roi-de-Sicile	27
Tivoli (de) Ba. O.	1	r. de Clichy	place de l'Europe	1
Tixeranderie (de la)	7, 9	place Baudoyer	r. de la Poterie	28
Tonnellerie (de la) O	3, 4	r. Saint-Honoré	r. de la Fromagerie	15
Tour (de la) P. Ci. O.	6	r. des Fossés-du-Temple	r. Folie-Méricourt	24
Tour-d'Auvergne (la) F	2	r. Rochechouart	r. des Martyrs	8
Tour-des-Dames (de la)	2	r. de la Rochefoucault	r. Blanche	5
Touraine (de) S.-G. P.	11	r. de l'Ec.-de-Médecine	r. Monsieur-le-Prince	42
Touraine (de) Marais O	7	r. du Perche	r. de Poitou	26
Tournefort Bé.	12	marché aux Veaux	r. Saint-Victor	47
Tournelle (de la Ba. H.	12	r. de Bièvre	quai de la Tournelle	47
Tournelles (des) O. Ba.	8	r. Saint-Antoine	r. Neuve-Saint-Gilles	29
Tournon (de) T.	11	r. du Petit-Lion	r. de Vaugirard	41
Toustain Bé. P. F. O.	11	r. Félibien	r. de Seine	41
Tracy (de) F.	6	r. du Ponceau	r. Saint-Denis	21
Traînée O.	3	place Saint-Eustache	r. du Four	11
Transnonain Da.	6, 7	r. Grenier-S.-Lazare	r. Aumaire	25
Traverse T.	10	r. de Sèvres	r. Plumet	38
Traversière-S.-Antoine	8	quai de la Râpée	r. du Faub.-S.-Antoine	35
Traversine H.	12	r. d'Arras	Mont.-Ste-Geneviève	47
Trévise (de) P.	2	r. Richer	r. Bleue	8
Tripperet H.	12	r. de la Clef	r. Gracieuse	47
Triperie (de la) Bé.	10	quai d'Orsay	r. de la Pompe	39
Trognon Da, O.	6	r. de la Heaumerie	r. d'Avignon	23
Trois-Bornes (des) Ci.	6	r. Folie-Méricourt	r. Saint-Maur	24
Trois-Chandeliers Bé.	11	quai Saint-Michel	r. de la Huchette	43
Trois-Chandelles (des)	8	r. Montgallet	r. de Charenton	32
Trois-Couronnes (des)	6	r. Saint-Maur	barr. des Tr.-Couronn.	24
Trois-Couronnes (des)	12	r. Mouffetard	carrefour S.-Hippolyte	46
Trois-Canettes (des) O.	9	r. des Deux-Ermites	r. de la Licorne	35
Trois-Frères (des) Di.	2	r. de la Victoire	r. Saint-Lazare	5
Trois-Maures (des) Di.	6	r. des Lombards	r. de la Reynie	23
Trois-Pavillons (des) O	8	r. des Francs-Bourgeois	r. du Parc-Royal	29
Trois-Pistolets (des) O.	9	r. du Petit-Musc	r. Neuve-Saint-Paul	36
Trois-Portes (des) H.	12	place Maubert	r. de l'Hôtel-Colbert	45
Trois-Sabres (des) O.	8	r. des Quatre-Chemins	barrière de Reuilly	32
Tronchet O. Di.	1	r. de la Madeleine	r. de la F.-des-Mathur.	3

Rues	Arr.	Commence	Finit	Q^rs
Trouvée O.	8	r. de Charenton	marché Saint-Antoine	32
Trudon F. O.	1	r. Boudreau	r. N.-des-Mathurins	3
Turgot P. H.	2	r. Rochechouart	avenue Trudaine	8

U

Rues	Arr.	Commence	Finit	Q^rs
Ulm (d') P. H.	12	place du Panthéon	r. des Ursulines	48
Université (de l') Bé.	10	r. des Saints-Pères	aven. Labourdonnaie	40
Ursulines (des) P. H.	12	r. d'Ulm	r. Saint-Jacques	48

V

Rues	Arr.	Commence	Finit	Q^rs
Val-de-Grâce (du) P. H	12	r. Saint-Jacques	r. de l'Est	48
Valois (de) O.	1	r. de Rohan	r. Saint-Honoré	4
Valois (de) O.	2	r. Saint-Honoré	r. Beaujolais	6
Valois (de) Di.	1	r. de Courcelles	barrière de Monceaux	1
Vanneau T.	10	r. Varennes	r. de Babylone	38
Vannerie (de la) O.	7	place de l'Hôtel-de-Ville	r. Planche-Mibray	28
Vannes O.	4	r. des Deux-Ecus	r. Viarmes	16
Vannes (Saint-)	6	place Saint-Vannes	r. Saint-Maur	22
Varennes O.	4	r. des Deux-Ecus	r. de Viarmes	16
Varennes T.	0	r. du Bac	boul. des Invalides	38
Vaucanson O. Da.	6	place Saint-Vannes	r. du Vert-Bois	22
Vaugirard (de) P.	11	r. des Francs-Bourgeois	barr. de Vaugirard	42
Vavin P.	11	r. de l'Ouest	r. N.-D.-des-Champs	41
Vendôme (de) O.	6	r. Charlot	r. du Temple	24
Venise (de) Da.	6	r. Saint-Martin	r. Quincampoix	23
Venise (de) D. O.	1	r. de Courcelles	abattoir du Roule	1
Ventadour Bé. Di.	2	r. Thérèse	r. N.-D.-des-P.-Champs	6
Verdelet Da. O.	3	r. J.-J. Rousseau	r. Coq-Héron	11
Verderet O. F.	5	r. de la Gr.-Truanderie	r. Mauconseil	20
Verneuil (de) O.	10	r. des Saints-Pères	r. de Poitiers	40
Verrerie (de la) Di.	7	marché Saint-Jean	r. Saint-Martin	27
Versailles (de) H. F.	12	r. Saint-Victor	r. Traversine	47
Vert-Bois (du) Da.	6	r. du Pont-aux-Biches	r. Saint-Martin	22
Vertus (des) Da.	6	r. des Gravilliers	r. Phélippeaux	22
Viarmes O.	4	r. Varennes	r. Oblin	16
Victoire (de la)	2	r. du Faub.-Montmartre	r. de la Chauss.-d'Ant.	5
Victor (Saint-) H. F.	12	r. Copeau	place Maubert	47
Vide-Gousset O. T. Ci.	3	place des Victoires	r. du Mail	12
Vieilles-Audriettes O. Ci	7	r. du Grand-Chantier	r. du Temple	26
Vieille-du-Temple O.	7, 8	r. Saint-Antoine	r. Saint-Louis	27
Vieille-Bouclerie Da.	11	r. de la Huchette	r. de la Harpe	43
Vieille-Estrapade H.	12	place de Fourcy	place de l'Estrapade	45

Rues	*Arr.*	*Commence*	*Finit*	Q^rs
Vieilles-Etuves (des) O.	4	r. Saint-Honoré	r. des Deux-Ecus	15
Vieilles-Etuves (des) Da	7	r. Beaubourg	r. Saint-Martin	28
Vieille-Harengerie Di.	4	r. du Chevalier-du-Guet	pl. Sainte-Opportune	15
Vieille-Lanterne O.	6	r. Saint-Jérôme	vieille pl. aux Veaux	25
Vieille-Monnaie (de la)	6	r. des Ecrivains	r. des Lombards	23
Vieille-Place-aux-Veaux	7	r. Planche-Mibray	r. S.-Jacq.-la-Bouch.	28
Vieille-rue-N.-DameH	12	r. Censier	r. d'Orléans	46
Vieille-Tannerie (de la)	7	r. Vieille-Pl.-aux-Veaux	r. de la Tuerie	28
Vieille-Tuerie (de la) O	7	r. Saint-Jérôme	place du Châtelet	28
Vienne (de) Di. Ba.	1	r. du Rocher	place de l'Europe	1
Vierge (de la) Bé,	10	r. de l'Université	r. Saint-Dominique	39
Vieux-Augustins (des) O	3	r. Coquillière	r. Montmartre	12
Vieux-Colombier (du)	11	place Saint-Sulpice	carr. de la Cr.-Rouge	41
Vieux-Linge (au) O. Ci.	6	rotonde du Temple	r. du Temple	24
Vignes (des) G.	12	r. du Banquier	boulevard de l'Hôpital	45
Vignes (des) C. O.	1	grande rue de Chaillot	avenue de Neuilly	2
Villedot O.	2	r. de Richelieu	r. Sainte-Anne	6
Ville-Fosse Ci.	5	r. de la Chopinette	barrière du Combat	18
Villejuif (de) G.	12	av. de la barr. d'Ivry	avenue de l'Hôpital	47
Ville-l'Evêque (de la) O	1	r. de la Madeleine	r. Verte	1
Villiot O.	8	quai de la Râpée	r. de Bercy	32
Vinaigriers (des) Da.	5	r. du Faub.-S.-Martin	r. Carême-Prenant	18
Vincent-de-Paul (S.) T	10	r. du Bac	pl. S.-Thomas-d'Aq.	38
Vingt-neuf-Juillet (du)	1	r. de Rivoli	r. Saint-Honoré	4
Visitation (de la) P.	10	passage Sainte-Marie	r. de Grenelle	40
Vivienne O. F.	2, 3	r. Beaujolais	boulevard Montmartre	7
Voirie (de la) F.	5	r. du Faub.-S.-Denis	r. du Ch. de la Chapelle	17
Voirie (de la) Roule O.	1	r. des Grésillons	r. Maison-Neuve	1
Voirie (de la) O.	8	r. Popincourt	r. Ménilmontant	30
Voltaire O. P. F.	11	r. Monsieur-le-Prince	place de l'Odéon	41
Vrillière (de la)	4	r. Cr.-des-P.-Champs	r. de la Feuillade	16

Z

Zacharie Da.	11	r. de la Huchette	r. Saint-Séverin	43

PARCOURS DES OMNIBUS.

(Les rues dont les noms suivent sont parcourues en tout ou en partie par les voitures qui sont indiquées à chacune d'elle. La lettre B, au commencement de la ligne signifie Bureau.)

Abattoirs (des), F.
Ancienne-Comédie (de l'), Da, F.
B. Antin (d'), D. O.
Arcade (de l'), D, C.
Arcis (des), Da.
B. Arbre-Sec (de l'), O, P, H.

Assiette (de l'), O.
Bac (du), Da, Bé, T, O.
B. Banque (de la).
Barre-du-Bec, Ci.
Barillerie (de la), Da, F, H.
Belle-Chasse, Bé, Da.
Bergère, F.
Bernardins (des), Bé.
B. Bertin-Poirée.
Bleue, H, P.
Bourdonnaie (de la), Da.
Bourtibourg, H.
Bourbon Villeneuve, Ci, P.
Bourgogne (de), P, Bé.
Bussy, F.
Bussy (carrefour), Ba, F.
Canettes (des), P.
Caumartin, F.
B. Chaillot (de), C.
B. Champs-Elysées (avenue des), O.
B. Chaussée-d'Antin, D, P, Ba.
Charenton (de), D.
Chartres (de), F.
Cherche-Midi (du), P.
Cité (de la), P.
B. Cléry (de), T.
Clichy (de), Ba.
Cluny (de), H.
Coq (du), O, F.
Coquenard, C.
Coquilles (des), Ci.
Coquillière, Da, O, F.
Coquillières, Da, O, F.
Cordiers (des), H.
B. Croix-des-Petits-Ch., O, P, F, T.
Dauphine, F.
Deux-Ponts (des), Bé, H.
Dragon (du), O, F.
Duphot, O, D.
Enfer (d'), F, P.
Echiquier (de l'), Da.
B. Ecole-de-Médecine (de l'), F, Bé.
B. Eglise-St-Laurent (de l'), Da, C.
Fayette (de la), F.
Francs-Bourgeois (des), O, P.
Ferme-des-Mathurins (de la), D.
Ferronnerie (de la), D.
Fer-à-Moulin, H.
Feuillade (de la), F.
Fidélité (de la), Da, C.
Filles-Saint-Thomas, O.
Fontaine-Saint-Georges (de la), O.
Fossés-Montmartre (des), T, Ci, P.
Fossés-Saint-Bernard (des), H.
Fossés-Saint-Marcel, F.
Four-St-Honoré (du), F, O.
Four-St-Germain (du), P.
Fourcy (de), Bé.
Gaillon, Ba.
Galande, F.
Gare (de la), G.
Gobelins (des), F, H.
B. Grenelle-S-Germ. (de), Da, Bé, P.
Grenelle-St-Honoré (de), Da, P.
Guénégaud, P.
Harpe (de) la, F.
Harlay (du), Ci.
Hauteville, Da.
Jacob, O, P.
Jardin-des-Plantes (du), C.
Jardin-du-Roi (du), H.
Jean-Goujon, O.
Lombards (des), D.
Longchamp (de), C.
Louis-le-Grand, Ba, D.
Marigny (de), C.
Madeleine (de la), C.
Marché-Saint-Honoré (du), D.
B. Marché-Saint-Jean.
Martyrs (des), F.
Mathurins-St-Jacques, Bé, H.
Martel, Da.
B. Montmartre, Da, O, T, F.
Montholon, P, C.
Mont-Parnasse, P.
Monsieur-le-
Montorgueuil, O.
Monnaie (de la), F.
Montmartre (du faub.), F, C, P, H.
Mouffetard, F, H.
Neuve-de-la-Bar.-St-Denis, F.
N.-des-Petits-Champs, F, O, Ba, N, O.

Neuve-des-Capucines, F.
Neuve-Saint-Augustin, O, D.
Neuve-des-Bons-Enfants, H.
Neuve-Saint-Martin, Ci.
Neuve-Saint-Eustache, Ci, P.
Neuve-Saint-Roch, Ba.
Neuve-des-Mathurins, D, C.
Noyers (des) Bé.
Nonaindières (des), Bé.
Notre-Dame-de-Nazareth, Ci.
Notre-Dame-des-Victoires, O, F.
Notre-Dame-de-Lorette, O.
Notre-Dame-des-Champs, P.
B. Odéon (carrefour de l'), Bé.
Ours (aux), O.
Papillon, C.
Paradis-Poissonnière (de), Da, C.
Paradis-au-Marais, O.
Paix (de la), P, O.
Petit-Pont (du), F, H.
Petit-Lyon (du), Bé, O.
Petits-Augustins (des), P.
Pépinière (de la), D, C.
Petites-Ecuries (des), Da, H.
Petit-Bourbon (du), Da, F, Bé, P.
Planche-Mibray, Da.
Port-Mahon (du), Ba.
B. Poissonnière (du faub.), Da, F, H.
Pot-de-Fer (du), P.
Provence (de), P.
Prouvaires (des), O, P.
B. Pyramides (des), G.
Quatre-Vents (des), Da, F, P.
Roquette (de la), O.
Racine, P.
B. Rambuteau, O, H.
Regard (du), P.
Richelieu, O.
B. Richer, P.
Rivoli (de), O, G.
Rocher, D.
B. Royale-St-Honoré, P, O.
Royer-Collard, P.
Royale-Saint-Martin, O.
Roule (du faub.), O.
Roule-St-Honoré (du), F.
Rohan, O.
Saint-Antoine (du faub.), D, O.
Saint-Antoine, O, D, Bé, H.
Saint-André-des-Arts, P, Da.
Saint-Avoie, Ci, H.
Saint-Benoît, P.
Sainte-Croix-d'Antin, F.
Sainte-Croix-de-la Bretonnerie, H.
Saint-Denis, O, F, Ci.
Saint-Denis (rue du faub.), F, Da, H.
B. Saint-Dominique.
B. St-Honoré, O, Da, D, C, F, Ba, P, H.
Saint-Honoré (du faub.), O, C.
Saint-Jacques, H, P.
Saint-Jacques (du faub.), H.
Saint-Louis (île), Bé, H.
B. Saint-Lazare, C, D, F, O, Ba.
Saint-Martin, Da, O, Ci, H.
B. Saint-Martin (du faub.), Da, C.
Saint-Martin (carré), O.
Sainte-Marguerite, F.
Saints-Pères (des), O, Bé, P.
St-Thomas-du-Louvre, Da.
Saint-Victor, F, H, Bé.
Sèvres, O, T, F.
Seine (de), F, P.
Sorbonne (de la), H.
Turenne, O, F, P, Bé.
Temple (u), Ci.
Temple (du faub. du), Ci.
Thiroux, F.
Tixeranderie (de la), Ci.
Tournon (de), O.
Tonnellerie (de la), F.
Trévise (de), P.
B. Vaugirard (de), P.
Verrerie (de la), D.
Vrillière (de la), O, F.
Vieux-Colombier (du), O, Bé.
Vieux-Augustins (des), Da.
Vienne, F, H.
B. Vingt-neuf Juillet, O.

QUAIS.

Augustins (des), P.
Austerlitz (d'), G.
Billy (de), O.
Conti, P.
Conférence (de la), O.
Ecole (de l'), O, F, H, P, G.
Grève (de la), O, H, P.
Horloge (de l'), Ci.
Louvre (du), O, G.
Malaquais, O, P.
Marché-aux-Fleurs (du), Da, F.
Mégisserie (de la), O, H.
Montholon, G.
Orfèvres (des), F.
Ormes (des), O, H, Bé.
Pelletier, O, P.
Râpée (de la), O.
B. Saint-Michel.
Saint-Paul, O.
B. Tournelles (des), G, Bé, H.
Tuileries (des), O.
Voltaire, O, Da.

PONTS.

Austerlitz, O, G.
Change (au), F, H.
Concorde (de la), O, P.
B. Louis-Philippe, O, P, H.
B. Marie, O, Bé, H.
Notre-Dame, G, Bé, P.
Pont-Neuf, F, G, P, O.
Pont-Royal, O, Da, Bé, T.
B. Saint-Michel, Da, P. H, G, F.
Invalides (des), O.
Iéna, O.

PLACES.

B. Bastille (de la), O, D, Bé.
B. Bourse (de la), O, F.
Beauvean, O, C.
B. Cadet, H.
B. Carrousel (du), O, D, T, Da, G.
Châtelet (du), O, F.
Concorde (de la), O, P.
Croix-Rouge (de la), O, P, Bé, F.
B. Dauphine, F, Ci.
B. Havre (du), O, Ci, D.
Hôtel-de-Ville (de l'), O, Ci, P.
B. Louvre (du), F, O.
Maubert, F, H.
Marché-Saint-Jean (du), D, H.
B. Odéon (de l'), O, P.
Oratoire (de l'), F, O.
Palais-Bourbon (du), P.
B. Palais-de-Justice (du), Da, F.
B. Palais-Royal, O, Da, D, Ba, O, T.
B. Panthéon (du), P.
B. Petits-Pères (des), Ci, O, F.
Royale, O.
Sainte-Opportune, D.
Saint-Michel, F, P.
B. Saint-Sulpice, Da, P, Bé, O, F.
Saint-Eustache, O, F.
Victoires (des), O, F, Ci, T, P.
Vendôme, P, O.

BARRIERES.

Belleville (de), Ci.
B. Blanche, O.
B. Charenton, D.
B. Clichy (de), Ba.
Ecole-Militaire (de l'), Da.
Enfer (d'), F.
B. Etoile (de l'), O.
Longchamp (de), C.

Martyrs (des), F.
Mont-Parnasse, P.
Monceaux, D.
B. Passy (de), O.
B. Poissonnière, P.
B. Râpée (de la), O.
B. Rochechouart, H.
B. Roule (du), O.
B. Sèvres (de), T.
B. Trône (du), O.
Vaugirard (de), P.
Villette (de la), Da.

BOULEVARDS.

Beaumarchais, O.
Bonne-Nouvelle, O, H.
Capucines (des), O, Da, P.
Contrescarpe, O.
Enfer (d'), F.
B. Filles-du-Calvaire, O.
B. Italiens (des), O.
B. Madeleine (de la), O, D, P.
Montmartre, O, Da, H.
Mont-Parnasse, T, F.
Poissonnière, O, Da.
Saint-Denis, O, P, H, F, Da, Ci.
B. Saint-Martin, O, P, H, Da.
B. Saint-Jacques, H.
B. Temple (du), O, P.

NOUVELLES RUES

LIVRÉES DEPUIS PEU A LA CIRCULATION.

Rues	*Arr.*	*Commence*	*Finit*	Qrs
Abbeville F	3	place Bossuet	barr. du Télégraphe	9
Amsterdam (d') D	1, 2	r. Saint-Lazare	r. Neuve-Clichy	1
Beaujon O		Champs-Élysées	r. du Faub. du Roule	
Boulogne O	1, 2	r. Blanche	r. de Clichy	1
Bruxelles O	1, 2	barr. Blanche	r. Vintimille	1
Calais (de) D	1, 2	r. Blanche	r. de Clichy	1
Denain F	3	r. de Dunkerque	place Lafayette	9
Douai (de) O	1, 2	r. Blanche	r. de Clichy	1
Dunkerque (de) B	3	faub. Saint-Denis	faub. Poissonnière	9
Fénelon F	3	place Lafayette		
Four-Val-Ste-Cather.	8	r. Saint-Antoine	r. Saint-Louis	29
Joinville	1	Champs-Élysées	faub. Saint-Honoré	1
Lorme (de)	9	place de l'Arsenal	r. de Sully	36
Lyon (de) D, O.		r. Traversière Bastille	Embarc. de Lyon	
Maître-Albert	12	r. des Grands-Signes	place Maubert	
Omer (Saint-) F	3	r. de Dunkerque		
Penthièvre	1	faub. Saint-Honoré	r. Ville-l'Évêque	1
Petits-Hôtels	3	r. Saint-Quentin	place Lafayette	9
Quentin (Saint-) F	3	r. Lafayette	r. de Dunkerque	9
Valenciennes F	3	r. Saint-Quentin	place Lafayette	9
Vincent-de-Paul (St-)	3	place Lafayette	r. de Dunkerque	9
Vintimille D	1, 2	r. de Calais	r. de Clichy	1
Vintimille (place)	1, 2	r. de Calais	r. de Boulogne	1

DÉSIGNATION DES RUES

QUI ONT CHANGÉ DE NOM DEPUIS 1848.

Nouvelles dénom.	*Arr.*	*Anciennes dénominations*	*Quartiers.*
Abbé-de-l'Epée (rue)	12	r. des Deux-Eglises	Observatoire
Abbeville (r. d') P. F.	2-3	r. du Gazomètre	Faubourg-Montmartre
Aboukir (r. d') O.	5	r. Bourbon-Villeneuve	Bonne-Nouvelle
Bertrand (r.) Da. Bé.	10	r. des Accacias	Invalides
Banquet (r. du) O. C.	1	r. du Chemin de Versailles	Champs-Elysées
Bethmont (r.) O.	8	r. des Charbonniers-St-An	Quinze-Vingts
Carnot (r.) O. P.	11	passage Laurette	Luxembourg
Cisalpine (r.) O.	1	r. Valois-du-Roule	Roule
Convention (r. de la) O.	1	r. du Dauphin	Tuileries
Desaix (place) F. Ci.	11	place Dauphine	Palais-de-Justice
Duroc (r.) Da. Bé.	10	petite r. des Accacias	Invalides
Egalité (r. de l') O. F.	4	r. Pierre-Lescot	Saint-Honoré
Fraternité (r. de la) O.	1	r. Neuve-de-Berri	Champs-Elysées
Gambey (r.) O. Ci.	8	r. Neuve-d'Angoulême	Temple
Hoche (r.) O. H.	2	r. Beaujolais-Palais-Roy.	Palais-National
Lamartine (r. de) O.	2	r. Coquenard	Faubourg-Montmartre
Luxembourg (r. du) O.	2	r. Neuve-Luxembourg	Tuileries
Masséna (r.) O. G. Ba.	2	r. Montpensier-Palais-Ro	Palais-National
Masséna (péristyle) O.	2	péristyle Montpensier	Palais-National
Monthyon (r.) P.	2	r. de la Boule-Rouge	Faubourg-Montmartre
Réforme (r. de la) P.	1	r. des Ecuries-d'Artois	Tuileries
Rocroi (r. de) F. P.	2	r. des Jardins-Poissonnièr	Faubourg-Montmartre
Saint-Gilles (r.) O.	6	r. Neuve-Saint-Gilles	Marais
Saint-Quentin (r.) F.	4	r. des Magazins	Faubourg-Saint-Denis
Union (r. de l') O. Ci.	5	r. d'Angoulême-St-Hon.	Champs-Elysées
Union (cité de l') O.	3	cité d'Orléans	Boulevart-Saint-Denis
Vingt-Quatre-Février.	1	r. de Valois-Palais-Royal	Tuileries.

CARREFOURS.

Carrefours	*Arr.*	*Quartiers*
Abbaye-Saint-Germain (de l')	10	Monnaie, Luxembourg
Batailles (des)	1	Champs-Élysées
Benoît (Saint-)	10	Monnaie

Carrefours	Arr.	Quartiers
Béthisy (de)	4	Louvre, Saint-Honoré
Braque (de)	12	Observatoire
Bussy (de)	10, 11	Monnaie, École-de-Médecine
Carmes (des)	12	Saint-Jacques
Cheminées (des Quatre-)	2	Palais-Royal
Clamart (de)	12	Saint-Marcel
Croix-Rouge (de la)	10, 11	Saint-Thomas-d'Aquin
Descartes	12	Jardin-du-Roi
Écharpe (de l')	8	Marais
Filles-du-Calvaire (des)	6, 7, 8	Temple, Mont-de-Piété, Marais
Gaillon	2	Feydeau
Guillery	7	Arcis
Hippolyte (Saint-)	12	Saint-Marcel
Jouy (de)	7, 9	Marché Saint-Jean, Hôtel-de-Ville
Limace (de la)	4	Saint-Honoré
Mandé (Saint-)	2	Feydeau
Médard (Saint-)	12	Saint-Marcel, Observatoire
Moulins (buttes des)	2	Palais-Royal
Odéon (de l')	11	École-de-Médecine, Luxembourg
Petits-Pères (des)	5	Mail
Pitié (de la)	12	Jardin-du-Roi
Pologne (de la)	1	Place Vendôme, Roule
Porcherons (des)	2	Faubourg-Montmartre
Reuilly (de)	8	Quinze-Vingts
Saint-Marc	2	Feydeau
Sartine	3, 4	Saint-Eustache, Banque
Saunier	2	Faubourg-Montmartre
Sulpice (Saint-)	11	Luxembourg
Victor (Saint-)	12	Jardin-du-Roi
Ville-l'Evêque (de la)	1	Roule

COURS ET PASSAGES.

Cours et passages	Arr.	Tenants	Aboutissants
Abbaye Saint-Martin	6	Cloître-S.-Martin	cour Saint-Martin
Abbaye (de l')	11	r. Sainte-Marguerite	r. du Four
Aguesseau (marché d')	1	boul. de la Madeleine	rue de ce nom
Albret (cour d')	12	r. des Sept-Voies	
Aligre (d')	4	r. Bailleul	r. Saint-Honoré
Amsterdam (cour d')	1	r. Saint-Lazare	
Ancre (de l')	6	r. Saint-Martin	r. Bourg-l'Abbé
Anne (Sainte-)	3	r. Sainte-Anne	passage Choiseul
Antin (cité d')	3	r. de Provence	r. de la Chaussée-d'Antin

Cours et passages	*Arr.*	*Tenants*	*Aboutissants*
Antoine (du Petit-S.-)	7	r. Saint-Antoine	r. du Roi-de-Sicile
Antoine (du Faub.-S.-)	8	r. du Faub.-S.-Antoine	r. de Montreuil
Arcade (de l')	1	place de la Madeleine	r. de l'Arcade
Arsenal (de l')	9	r. Neuve-de-l'Orme	r. du Petit-Musc
Aubert	5	r. Sainte-Foy	r. Saint-Denis
Aumaire	6	r. Aumaire	r. Bailly
Avoye (Ste)	7	r. Sainte-Avoye	passage Pecquay
Barnabites (des)	9	r. de la Calandre	pl. du Palais-de-Justice
Baring (cour)	1	r. Saint-Lazare	
Basfour	6	r. Saint-Denis	r. Grenètat
Batave (de la cour)	6	r. Saint-Denis	impasse de Venise
Batave	6	impasse de Venise	r. Saint-Denis
Bazar de l'Industr. (du)	2	r. Montmartre	boul. Poissonnière
Beaucourt	1	r. du Faub.-du-Roule	
Beaufort	6	impasse Beaufort	r. Quincampoix
Beaujolais	2	r. Beaujolais	r. Richelieu
Beauvilliers	2	r. Montpensier	r. Richelieu
Benoit (Saint-)	10	place de l'Abbaye	r. Saint-Benoit
Benoit (Saint-)	11	r. Saint-Jacques	r. de Sorbonne
Bergère (cité)	2	r. Bergère	r. du Faub.-Montmartre
Bergère (galerie)	2	r. de la Boule-Rouge	r. Geoffroy-Marie
Berryer (cité)	1	place de la Madeleine	
Bernardins (cloît. des)	12	marché aux Veaux	r. des Bernardins
Biette	6	r. Ménilmontant	r. de Crussol
Bleus (cour des)	6	r. Grenétat	r. Saint-Denis
Bois-de-Boulogne (du)	5	r. du Faub.-S.-Denis	boul. Saint-Denis
Bons-Enfants (des)	2	r. de ce nom	cour des Fontaines
B.-Enfants (de la r. N°)	2	r. de ce nom	r. Beaujolais
Bons-Enfants (des)	2	r. de Valois	r. des Bons-Enfants
Boufflers	2	r. de Choiseul	boul. des Italiens
Boucherie (de la Pet.)	10	r. de l'Abbaye	place Sainte-Marguerite
Boulainvilliers	10	r. du Bac	r. de Beaune
Boule-Blanche (de la)	8	r. du Faub.-S.-Antoine	r. de Charenton
Bourg-l'Abbé	6	r. de ce nom	r. Saint-Denis
Brady	5	r. du Faub.-S.-Martin	r. du Faub.-Saint-Denis
Briare	2	r. Neuve-Coquenard	r. Rochechouart
Brière	8	r. du Faub.-S.-Antoine	r. de Montreuil
Café de Foi (du)	2	r. Montpensier	r. Richelieu
Café de Malte (du)	6	boul. Saint-Martin	r. Saint-Martin
Caire (du)	5	r. Saint-Denis	place du Caire
Catherine (Sainte-)	5	r. Saint-Denis	r. de Cléry
Cendrier	1	r. Neuve-des-Mathurins	r. Basse-du-Rempart
Cerf (du Grand-)	5	r. du Ponceau	r. Saint-Denis
Cerf (de l'anc. Grand-)	6	r. des 2 Portes-S.-Sauv.	r. Saint-Denis

Cours et passages	Arr.	Tenants	Aboutissants
César	10	r. S.-Dominique-S.-Ger.	r. de Grenelle-S.-Germ.
Chaise (de la)	10	r. Planche-Mibray	r. S.-Jacq.-la-Bouch.
Chantiers (cour des)	6	r. Guérin-Boisseau	
Chantier-de-l'Ecu (du)	1	r. Neuve-des-Mathurins	r. Basse-du-Rempart
Chantier-de-Tivoli	1	r. Saint-Lazare	r. Saint-Nicolas
Chapelle (de la Ste-)	11	r. de la Barillerie	r. de Nazareth
Chaptal (cour)	1	r. du même nom	
Chariot-d'Or (du)	6	r. Grenétat	r. du Grand-Hurleur
Charlemagne (de)	9	r. Saint-Antoine	r. des Prêtres-S.-Paul
Charnier-des-Innocents	4	r. Saint-Denis	r. de la Lingerie
Charost (du Petit-Hôt.)	3	r. des Vieux-Augustins	r. Montmartre
Chartres (de)	2	Palais-Royal	r. Planche-Mibray
Chartreux (des)	3	r. de la Tonnellerie	r. Trainée
Chaume (du)	7	r. du Chaume	pass. Pecquay
Chaumont (Saint-)	6	r. du Ponceau	r. Saint-Denis
Chevajoux	8	r. du Faub.-S.-Antoine	r. de Montreuil
Cheval-Blanc (du)	6	r. Saint-Martin	r. du Ponceau
Cheval-Blanc (du)	8	r. du Faub.-S.-Antoine	r. de la Roquette
Cheval-Rouge (du)	6	r. Saint-Martin	r. du Ponceau
Choiseul	1, 2	r. N.-des-Petits-Champs	r. Neuve-S.-Augustin
Cholets (des)	12	r. Saint-Jacques	r. des Cholets
Cité ou Prado-Cité	9	r. de la Vieille-Draperie	r. de la Barillerie
Cloître-St-Honoré (du)	4	r. Cr.-des-Petits-Champs	r. des Bons-Enfants
Cl. S.-Jacq.-l'Hôpital	5	r. du Cygne	r. Mauconseil
Clos-Païen (du)	12	boul. de la Glacière	r. des Petits-Champs
Clu y	11	place Sorbonne	r. des Grés
Coches (des)	1	r. du Faub.-S.-Honoré	r. de Surêne
Colbert	3	r. N.-des-Petits-Champs	r. Vivienne
Comédie (de la)	2	r. Saint-Honoré	r. Richelieu
Commerce (du)	6	cour du Puits de Rome	r. Phélippeaux
Commerce (du)	11	r. S.-André-des-Arts	r. de l'Ecole-de-Médecine
Commerce (cour du)	1	r. du Faub.-du-Roule	r. d'Angoulême
Comptes (cour des)	11	cour de la Ste-Chapelle	cour du Palais
Corderie (cour de la)	6	r. du Petit-Thouars	
Cour du Puits de Rome	6	imp. du Puits de Rome	r. des Gravilliers
Couronne-d'Or (de la)	4	r. Tirechappe	r. des Bourdonnais
Croix (Sainte-)	7	impasse Sainte-Croix	r. Ste-Croix-de-la-Bret.
Croix-Blanche (de la)	6	r. Saint-Denis	r. Bourg-l'Abbé
Crussol	6	r. Ménilmontant	r. de Crussol
Dames-Saint-Gervais	7	r. des Francs-Bourgeois	r. des Rosiers
Damois	8	r. Saint-Antoine	r. d'Aval
Dauphine	10	r. Dauphine	r. Mazarine
Delahaye (cour)	1	r. de Chaillot	
Delessert	5	r. de l'Ecluse	r. du Canal-S.-Martin
Delorme (galerie)	1	r. de Rivoli	r. Saint-Honoré

Cours et passages	*Arr.*	*Tenants*	*Aboutissants*
Denis (Saint-)	6	r. Greneta	r. Saint-Denis
Désir (du)	5	r. du Faub.-S.-Martin	r. du Faub.-S.-Denis
Désirabode	2	r. des Bons-Enfants	r. de Valois
Domaine (du)	4	r. du Bouloi	r. Coquillière
Douze-Maisons (des)	1	allée des Veuves	r. Marbeuf
Dragon (cour du)	10	carrefour Saint-Benoît	r. du Dragon
Droits-Réunis	5	r. du Faub.-du-Temple	
Ecuries (des Petites-)	3	r. du Faub.-S.-Denis	r. des Petites-Ecuries
Empereur (de l')	4	r. de la Vieille-Harenger.	r. Saint-Denis
Etoile (cour de l')	5	impasse de l'Etoile	r. du Petit-Carreau
Eustache (de Saint-)	3	église Saint-Eustache	r. Montmartre
Fermes (de l'Hôtel des)	4	r. de Grenelle-S.-Honoré	r. du Bouloi
Flore (de)	9	place du Palais	quai aux Fleurs
Fontaines (cour des)	2	r. des Bons-Enfants	r. de Valois
Foy	2	r. de la Chaussée-d'Antin	r. Taitbout
Foy (Sainte-)	5	r. des Filles-Dieu	place du Caire
François Ier (de)	6	r. du Ponceau	r. Saint-Denis
Frépillon	6	r. Phélippeaux	passage du Commerce
Gaillard	1	r. Marbeuf	allée des Veuves
Geoffroy	2	boulevard Montmartre	r. Grange-Batelière
Genty	8	r. de Bercy	quai de la Râpée
Graine (de la Bonne)	8	r. du Faub.-S.-Antoine	
Grammont	1	r. de Clichy	r. de Berlin
Grillé	1	r. Basse-du-Rempart	r. Neuve-des-Mathurins
Guillaume (Saint-)	2	r. Richelieu	r. Traversière
Guillaume (cour Saint-)	2	r. Neuve-Coquenard	
Harlay (cour de)	11	Palais-de-Justice	r. de Harlay
Henri IV	2	r. des Bons-Enfants	cour des Fontaines
Hilaire (cour Saint-)	2	r. Neuve-Coquenard	
Honoré (Saint-)	2	r. de la Sourdière	r. Saint-Honoré
Hôtel-Tachou	9	Marché-Neuf	r. de la Calandre
Hulot	2	r. Montpensier	r. Richelieu
Hyacinthe (Saint-)	11	r. de ce nom	r. Saint-Thomas-d'Enfer
Industrie (de l')	5	r. du Faub.-Saint-Martin	r. du Faub.-Saint-Denis
Jabach	7	r. Neuve-Saint-Merri	r. Saint-Martin
Jacques-la-Bouch. (S.-)	6	marché S.-Jacq.-la-Bouc.	r. du même nom
Jean-Bart	4	quai de la Mégisserie	r. S.-Germain-l'Auxerr.
Jean-de-Latran (S.-)	1	r. S.-Jean-de-Beauvais.	place Cambrai
Jeu-de-Boule (du)	6	r. des Fossés-du-Temple	r. de Malte
Juiverie (cour de la)	8	r. Contrescarpe-S.-A.	
Jussienne (de la)	3	r. Montmartre	r. de la Jussienne
Lafayette	6	r. de Ménilmontant	r. des Trois-Bornes
Laffitte	2	r. Laffitte	r. Lepelletier
Laffitte et Caillard	4	r. Saint-Honoré	r. de Grenelle
Lamoignon (cour)	11	quai de l'Horloge	cour de Harlay

Cours et passages	*Arr.*	*Tenants*	*Aboutissants*
Laurette	11	r. N.-D.-des-Champs	r. de l'Ouest
Lemoine	6	pass. de la Longue-Allée	r. Saint-Denis
Lepelletier	2	r. Lepelletier	r. Grange-Batelière
Longue-Allée (de la)	6	r. du Ponceau	r. Neuve-Saint-Denis
Louis (Saint-)	9	r. Saint-Paul	église S.-Paul-S.-Louis
Louis (cour Saint-)	8	r. du Faub.-S.-Antoine	r. Louis-Philippe
Louis (Saint-)	1	r. de la Pépinière	place Laborde
Luxembourg (du)	11	r. N.-D.-des-Champs	r. de l'Ouest
Lycée (du)	2	r. des Bons-Enfants	r. de Valois
Madeleine (de la)	9	r. de la Licorne	r. de la Cité
Madeleine (de la)	1	place de la Madeleine	r. de l'Arcade
Magloire (Saint-)	6	r. Saint-Denis	impasse Saint-Magloire
Main-d'Or (cour de la)	8	r. du Faub.-S.-Antoine	
Malte (cour de)	2	r. de la Fontaine-Molière	cour Saint-Guillaume
Mancel (cour)	1	r. de la Pépinière	
Manége (du)	10	r. de Vaugirard	r. du Cherche-Midi
Marchand	4	r. Saint-Honoré	cloître Saint-Honoré
Marché des Patriarch.	12	r. d'Orléans	r. Mouffetard
Marché (du)	12	r. Mouffetard	r. des Postes
Marie (Sainte-)	10	r. du Bac	r. de Grenelle
Marie (Sainte-)	1	r. de Lubeck	r. des Batailles
Marie (Ste) Popincourt	8	r. de Charonne	passage Thierré
Marie (Petite-Sainte-)	10	grand pass. Sainte-Marie	r. de Grenelle
Marmite (de la)	6	r. des Gravilliers	imp. du Puits-de-Rome
Martin (Saint-)	6	r. du Marché	r. Royale
Maur (Saint-)	10	r. du Cherche-Midi	r. de Vaugirard
Messageries (des)	3	r. Montmartre	r. N.-D.-des-Victoires
Miracles (cour des)	5	impasse de l'Etoile	r. Damiette
Miracles (des)	8	impasse Jean-de-Beauce	r. des Tournelles
Miracles (cour des)	8	r. de Reuilly	
Moineaux (des)	2	r. des Moineaux	r. d'Argenteuil
Molière	6	r. Saint-Martin	r. Quincampoix
Mont-de-Piété (du)	7	r. des Blancs-Manteaux	r. de Paradis
Montesquieu	4	cloître Saint-Honoré	r. Montesquieu
Montpensier	2	r. de ce nom	r. Richelieu
Montreuil	8	r. du Faub.-S.-Antoine	r. de Montreuil
Navarin	2	r. Saint-Lazare	r. de Paris
Nemours (cour de)	2	r. Saint-Honoré	2e cour du Palais-Royal
Noir (Le)	2	r. N.-des-Bons-Enfants	r. de Valois
Noyers (des)	12	r. de ce nom	r. Saint-Jacques
Offices (des)	2	r. Saint-Honoré	1re cour du Palais-Royal
Ouest (de l')	11	r. N.-D.-des-Champs	r. de l'Ouest
Opéra (de l')	2	boulevard des Italiens	r. Pinon
Orléans (cité d')	5	boulevard Saint-Denis	porte Saint-Denis
Orléans (d')	1	r. Saint-Lazare	r. de la Chaussée-d'Antin

Cours et passages	*Arr.*	*Tenants*	*Aboutissants*
Palais-de-Justice	11	r. de la Barillerie	cour de Harlay
Panier-Fleuri (du)	4	impasse des Bourdonnais	r. Tirechappe
Panorama (du Petit-)	2	r. Saint-Marc	grande galerie
Panoramas (des)	2	r. Saint-Marc	boulevard Montmartre
Pavillons (des)	1, 2	r. N.-des-Petits-Champs	r. Beaujolais
Pecquay	7	r. du Chaume	impasse Pecquay
Pellechet (cour)	10	r. du Bac	
Perron (du)	2	Palais-Royal	r. Beaujolais
Petits-Pères (des)	3	r. N.-D.-des-Victoires	r. N.-des-Petits-Champs
Philibert	6	r. du Faub.-du-Temple	r. de Lorillon
Philippe (Saint-)	1	r. du Faub.-du-Roule	r. de Courcelles
Pierre (Saint-)	9	r. Saint-Paul	r. Saint-Antoine
Pierre (Saint-)	7	r. de la Tacherie	r. des Arcis
Pompe (de la)	4	passage Marchand	r. Saint-Honoré
Pompe à-feu (de la)	1	Grande-rue-de-Chaillot	place de la Conférence
Ponceau (du)	6	r. du Ponceau	r. Saint-Denis
Pont-Neuf (du)	10	r. Mazarine	r. de Seine
Popincourt	8	r. Popincourt	r. Neuve-Popincourt
Prix-Fixe (du)	2	r. Richelieu	r. Montpensier
Prouvaires (des)	4	r. de la Tonnellerie	r. des Prouvaires
Puteau	1	r. de la Madeleine	r. Saint-Lazare
Quinze-Vingts (des)	1	r. Saint-Honoré	r. Saint-Louis
Radziwill	2	r. N.-des-Bons-Enfants	r. de Valois
Reine-de-Hongrie	3	r. Montorgueil	r. Montmartre
Retiro (du)	1	r. du Faub.-S.-Honoré	r. de Surêne
Réunion (de la)	7	impasse des Anglais	r. Saint-Martin
Richer (galerie)	2	r. Geoffroy-Marie	r. Richer
Roch (Saint-)	2	r. Saint-Honoré	r. d'Argenteuil
Rohan (cour de)	11	r. du Jardinet	passage du Commerce
Saint-Joseph (cour)	8	r. de Charonne	
Saucède	6	r. Bourg-l'Abbé	r. Saint-Denis
Saumon (du)	3	r. Montorgueil	r. Montmartre
Saunier	2	r. Richer	r. Bleue
Singes (des)	7	r. Vieille-du-Temple	r. des Singes
Sœurs (cour des Deux-)	9	r. du Four-Montmartre	r. Coquenard
Sœurs (cour des Deux-)	9	r. de Charonne	
Soleil-d'Or (du)	1	r. du Rocher	r. d'Anjou-Saint-Honoré
Sourdière (de la)	2	r. de la Sourdière	r. Neuve-Saint-Roch
Tivoli	1	r. Saint-Lazare	r. de Londres
Thierré	8	Impasse Sainte-Marie	r. de la Roquette
Treille (de la)	4	r. Chilpéric	r. des Fossés-S.-G.-l'Aux.
Treille (de la)	10, 11	marché Saint-Germain	r. des Boucheries
Trinité (de la)	6	r. Grenétat	r. Saint-Denis
Valence	12	r. Mouffetard	r. Pascal
Valois	2	r. de Valois	r. de Chartres

Variétés (des)	2	Palais-Royal	r. Saint-Honoré
Vendôme	6	r. de Vendôme	boulevard du Temple
Venise	8	r. Quincampoix	cour Batave
Verdeau		r. Grange-Batelière	faubourg Montmartre
Véro-Dodat (galerie)	4	r. de Grenelle-S.-Honoré	r. du Bouloy
Violet	3	r. Hauteville	r. du Faub.-Poissonnière
Vigan (du)	3	r. des Fossés-Montmartre	r. des Vieux-Augustins
Ville-l'Evêque (de la)	1	r. de l'Arcade	r. de Surène
Virginie (de)	2	r. Saint-Honoré	Palais-Royal
Vivienne (galerie)	2	r. N.-des-Petits-Champs	r. Vivienne
Washington (de)	4	r. de la Bibliothèque	r. du Chantre
Zacharie	11	r. Zacharie	r. Saint-Séverin

PLACES.

Places	*Arr.*	*Quartiers*	*Situation*
André-des-Arts (S.-)	11	Ecole-de-Médecine	r. S.-André-des-Arts
Angoulême (d')	6	Temple	r. des Fossés-du-Temple
Ariane	5	Montorgueil	r. Gr. et Petite-Truand.
Arsenal (de l')	9	Arsenal	en face l'Arsenal
Bastille (de la)	7, 9	Marais	boulevard Beaumarchais
Baudoyer	7, 9	Hôtel-de-Ville	r. Saint-Antoine
Beauveau	1	Roule	r. du Faub.-Honoré
Beauveau (du marché)	8	Quinze-Vingts	r. du Faub.-S.-Antoine
Bellechasse	10	Saint-Germain	r. Saint-Dominique
Bertin-Poirée	4	Louvre	quai de la Mégisserie
Biragues	8, 9	Marais et Arsenal	r. Saint-Antoine
Boucherie (de la)	6	des Lombards	r. des Ecrivains
Bourbon (du Palais-)	10	Invalides	r. de l'Université
Bourse (de la)	2	Feydeau	r. Feydeau
Breteuil	11	Invalides	près des Invalides
Breda	2	Chaussée-d'Antin	r. Breda
Caire (du)	5	Bonne-Nouvelle	r. Bourbon-Villeneuve
Cambrai	12	Saint-Jacques	r. Saint-Jacques
Carré-S.-Etienne (du)	12	Saint-Jacques	vis-à-vis Saint-Etienne
Carrousel (du)	1	Tuileries	vis-à-vis les Tuileries
Catherine (Sainte-)	8	Marais	r. Jarente
Champ-des-Capucins	12	Observatoire	r. du Faub.-S.-Jacques
Chantre	4	Louvre	r. du Chantre
Châtelet (du)	4, 7	Louvre et Arcis	en face du Pont-au-Chan.
Chevalier-du-Guet (du)	4	Louvre	r. du Chevalier-du-Guet
Chevaux (Marc.-aux-)	12	Saint-Marcel	boulevard de l'Hôpital
Cloître-S.-Benoît (du)	11	Ecole-de-Médecine	r. de Sorbonne

Places	*Arr.*	*Quartiers*	*Situation*
Cloître-S.-Marcel (du)	12	Saint-Marcel	r. Mouffetard
Cloître Ste-Opportune	4	la Halle	r. des Fourreurs
Collégiale (de la)	12	Saint-Marcel	r. Pierre-Lombard
Concorde (de la)	1	Champs-Elysées	en face le pont
Conférence (de la)	1	Champs-Elysées	en face la pompe à feu
Corderie (de la)	6	du Temple	enclos du Temple
Croix (Sainte-)	2	Chaussée-d'Antin	r. Neuve-Sainte-Croix
Cr.-du-Trahoir (de la)	4	Saint-Honoré	r. de l'Arbre-Sec
Dauphine	11	Palais-de-Justice	place du Pont-Neuf
Dupleix	10	Invalides	barrière de Grenelle
Ecole (de l')	4	Louvre	quai de l'Ecole
Ecole-de-Méd. (de l')	11	Ecole-de-Médecine	r. de ce nom
Estrapade (de l')	12	S.-Jacques et Observat.	r. des Postes
Etoile (de l')	1	Champs-Elysées	barrière de l'Etoile
Europe (de l')	1	Chaussée-d'Antin	r. de Londres
Eustache (Saint-)	3	Saint-Eustache	en face l'église
Favart ou Italiens	2	Feydeau	r. Grétry et Marivaux
Fidélité (de la)	5	Faub. Saint-Denis	près Saint-Laurent
Fontenoy	10	Invalides	derrière l'Ecole-Militaire
François Ier	1	Champs-Elysées	r. Jean-Goujon
Gastine	4	la Halle	r. Saint-Denis
Germain-l'Aux. (S.-)	4	Louvre	vis-à-vis l'Eglise
Germ.-des-Prés (S.-)	10	Monnaie	vis-à-vis l'Eglise
Hôpital (de l')	12	Saint-Marcel	r. Poliveau
Hôpital (de l') S.-Ant.	8	Faub. Saint-Antoine	r. du Faubourg
Hôtel-de-Ville (de l')	7, 9	Arcis et Hôtel-de-Ville	quai Pelletier
Innocents (des)	4	la Halle	r. Saint-Denis
Invalides (des)	10	Invalides	en face l'Hôtel
Jean (anc. marché S.-)	7	marché Saint-Jean	r. Regnault-Lefèvre
Lafayette	3	Faub. Poissonnière	r. Hauteville
Laurent (Saint-)	5	Faub. Saint-Denis	enclos Saint-Laurent
Légat (du)	4	la Halle	halle aux Draps
Louvre (du)	4	Louvre	vis-à-vis le Louvre
Madeleine (de la)	1	Place Vendôme	boul. des Italiens
Marguerite (Sainte-)	8	Faub. Saint-Antoine	r. Saint-Bernard
Marguerite (Sainte-)	10	Monnaie	r. Ste-Marguerite-S.-G.
Matignon	1	Champs-Elysées	avenue de Neuilly
Maubert	12	Saint-Jacques	r. Galande
Mazas	8	Quinze-Vingts	quai de la Rapée
Michel (Saint-)	11	Ecole-de-Médecine	r. d'Enfer
Montholon	2	Faub. Montmartre	r. Montholon
Morland	9	Arsenal	quai des Célestins
Musée (du)	4	Louvre	vis-à-vis le Musée
Nicolas (Saint-)	6	Saint-Martin-des-Ch.	r. Aumaire
Odéon	11	Ecole-de-Médecine	vis-à-vis le théâtre

Places	Arr.	Quartiers	Situation
Opportune (Sainte-)	4	Saint-Honoré	r. des Fourreurs
Oratoire (de l')	4	Louvre	pl. du Louvre
Palais-de-Justice (du)	9	Palais-de-Justice	r. de la Barillerie
Palais-Royal (du)	1, 4	Tuileries et S.-Honoré	r. Saint-Honoré
Panthéon	12	Saint-Jacques	en face du Panthéon
Parvis-N.-Dame (du)	9	Cité	vis-à-vis Notre-Dame
Petit-Pont (du)	9	Cité	au bas du Petit-Pont
Petits-Pères (des)	3	Mail	en face l'église
Pointe-Saint-Eustache	3	Saint-Eustache	au bas de la r. Montmart.
Pont-S.-Michel (du)	11	Sorbonne	en face le pont
Pont-Neuf (du)	11	Palais-de-Justice	milieu du pont
Puits-de-l'Ermite (du)	12	Jar. du Roi, S.-Marcel	r. du Puits-de-l'Ermite
Richelieu	2	Feydeau	r. Richelieu
Rivoli	1	Tuileries	r. de Rivoli
Rotonde-du-Temple	6	Temple	r. du Forez
Royale	8	Marais	r. Royale
Saint-Georges	2	Chaussée-d'Antin	r. Neuve-S.-Georges
Saint-Marcel	12	Saint-Marcel	r. de ce nom
S.-Thomas-d'Aquin	10	Faub. Saint-Germain	r. S.-Thomas-d'Aquin
Scipion	12	Saint-Marcel	r. Scipion
Sorbonne	11	Sorbonne	r. Neuve-Richelieu
Sulpice (Saint-)	11	Luxembourg	en face l'église
Temple (du)	6	Temple	r. du Temple
Trois-Maries (des)	4	Louvre	en face le Pont-Neuf
Trône (du)	8	Faub. Saint-Antoine	barr. de ce nom
Vannes (Saint-)	6	S. Martin-des-Champs	r. Saint-Vannes
Vauban	10	Invalides	derrière les Invalides
Veaux (aux)	12	Jardin-du-Roi	quai de la Tournelle
Veaux (Vieille-pl.-aux)	7	Arcis	r. Planche-Mibray
Vendôme	1, 2	pl. Vend., Palais-Royal	r. de la Paix et S.-Hon.
Victoires (des)	3, 4	Mail, Banque de France	r. Croix-des-P.-Champs
Walhubert	12	Jardin-du-Roi	en face le Jardin

IMPASSES

Impasses	Arr.	Quartiers	Situation
Amboise (d')	12	Saint-Jacques	place Maubert
Androlas (d')	12	Saint-Marcel	r. Mouffetard
Anglais (des)	7	Sainte-Avoie	r. Beaubourg
Antin (de l'Allée d')	1	Champs-Elysées	allée d'Antin
Argenson (d')	7	Marché Saint-Jean	r. Vieille-du-Temple
Argenteuil (d')	1	Roule	r. du Rocher
Aumont (d')	7	Hôtel-de-Ville	r. de l'Hôtel-de-Ville

Impasses	*Arr.*	*Quartiers*	*Situation*
Babillardes (des)	3	Faub. Poissonnière	boul. Bonne-Nouvelle
Bassins (des)	1	Champs-Elysées	r. de Chaillot
Bastille (de la Petite-)	4	Louvre	r. de l'Arbre-Sec
Baudin	1	Roule	r. Saint-Lazare
Baudroierie (de la)	7	Sainte-Avoie	r. de la Corroierie
Bayard	10	Invalides	r. Bayard
Beaufort	6	Lombards	r. Salle-au-Comte
Benoît (Saint-)	7	Arcis	r. de la Tacherie
Bernard (Saint-)	8	Faub. Saint-Antoine	r. Saint-Bernard
Berthaud	7	Sainte-Avoie	r. Beaubourg
Billettes (des)	7	Marché Saint-Jean	r. des Billettes
Bizet	1	Roule	r. Saint-Lazare
Blanchisseuses (des)	1	Saint-Jacques	r. des Sept-Voies
Bœuf (du)	7	Sainte-Avoie	r. Neuve-Saint-Merri
Bœufs (des)	12	Saint-Jacques	r. des Sept-Voies
Bon-Puits (du)	12	Saint-Jacques	r. Traversine
Bouquet-des-Ch. (du)	1	Champs-Elysées	r. de Lonchamps
Bourdonnais (des)	4	Saint-Honoré	r. des Bourdonnais
Bouteille (de la)	3	Saint-Eustache	r. Montorgueil
Bouvart	12	Saint-Jacques	mont Saint-Hilaire
Brasserie (de la)	2	Palais-Royal	r. Traversière
Briare (de)	2	Faub. Montmartre	r. Rochechouart
Brutus	2	Faub. Montmartre	r. Coquenard
Cargaisons (des)	9	Cité	r. de la Cité
Carmélites (des)	12	Observatoire	r. Saint-Jacques
Cassini (de)	12	Observatoire	r. Cassini
Catherine (Sainte-)	6	Porte Saint-Denis	r. Saint-Denis
Cendrier	1	Place Vendôme	passage Cendrier
Charbonniers (des)	8	Quinze-Vingts	r. des Charbonniers
Chat-Blanc (du)	6	Lombards	r. S.-Jacques-la-Bouch.
Chevalier-du-Guet (du)	4	Louvre	place du Chev.-du-Guet
Clairvaux	6	Lombards	r. Saint-Martin
Claude (Saint-)	3	Mail	r. Montmartre
Claude (Saint-)	8	Marais	r. Saint-Claude
Claude (Saint-)	8	Faub. S.-Antoine	r. de Bercy
Clopin	12	Jardin-du-Roi	r. Descartes
Conti	10	Monnaie	quai Conti
Coquenard	2	Faub. Montmartre	r. Coquenard
Coquerelle	7	Marché Saint-Jean	r. des Juifs
Corderie (de la)	2	Palais-Royal	r. de la Corderie-S.-H.
Courbâton	4	Louvre	r. de l'Arbre-Sec
Croix-Blanche (de la)	7	Marché Saint-Jean	r. des Billettes
Croix-Boissière	1	Champs-Elysées	r. de Chaillot
Croix (Sainte-)	7	Marché Saint-Jean	r. Vieille-du-Temple
Dany	1	Roule	r. du Rocher

Delaunay	8 Popincourt	r. de Charonne
Dominique (Saint-)	12 Observatoire	r. S.-Dominique-d'Enfer
Dominique (Saint-)	10 Faub. Saint-Germain	r. Saint-Dominique
Echiquier (de l')	7 Mont-de-Piété	r. du Temple
Ecole (de l')	2 Faub. Montmartre	r. Neuve-Coquenard
Egout (de l')	5 Faub. Saint-Denis.	r. du Faub.-S.-Martin
Enfant-Jésus (de l')	10 Invalides	r. de Vaugirard
Etienne-du-Mont (S.)	12 Saint-Jacques	r. Montagne-Ste-Genev.
Etoile (de l')	10 Saint-Thomas-d'Aquin	r. Saint-Dominique
Etoile (de l')	5 Bonne-Nouvelle	r. Thévenot
Etuves (des)	6 Lombards	r. de Marivaux.
Faron (Saint-)	7 Marché Saint-Jean	r. de la Tixeranderie
Ferme-des-Mathurins	1 place Vendôme	r. Neuve-des-Mathurins
Feuillantines (des)	12 Observatoire	r. Saint-Jacques
Fiacre (Saint-)	6 des Lombards	r. Saint-Martin
Fidélité (de la)	5 Faub. Saint-Denis	r. de la Fidélité
Filles-Dieu (des)	6 porte Saint-Denis	boulev. Bonne-Nouvelle
Fleurus	11 Luxembourg	r. de Fleurus
Forge-Royale (de la)	8 Faub. Saint-Antoine	r. du Faub.-S.-Antoine
Fourcy (de)	9 Hôtel-de-Ville	r. de Jouy.
Grenelle (de)	10 Saint-Thomas-d'Aquin	r. de Grenelle-Gr.-Caill.
Grenétat	6 porte Saint-Denis	enclos de la Trinité
Grognerie (de la)	4 la Halle	r. de la Cordonuerie
Grosse-Tête (de la)	5 Bonne-Nouvelle	r. Saint-Spire
Guémenée	8 Marais	r. Saint-Antoine
Guépine	9 Hôtel-de-Ville	r. de Jouy
Haufort	12 Observatoire	r. des Bourguignons
Heaumerie (de la)	6 Lombards	r. de la Heaumerie
Hospitalières (des)	8 Marais	r. Chaussée-des-Minimes
Jardiniers (des)	8 Popincourt	r. Amelot
Jean-Baussire	8 Marais	r. Jean-Beaussire
Jérusalem (de)	9 Cité	r. Saint-Christophe
Lard (au)	4 la Halle	r. Lenoir
Laurent (Saint-)	3 Faubourg Poissonnière	boulev. Bonne-Nouvelle
Lazare (Saint-)	5 Faubourg Saint-Denis	r. du Faub.-Saint-Denis
Longue-Avoine (de la)	12 Observatoire	r. du Faub.-S.-Jacques
Louis (Saint-)	5 Porte Saint-Martin	r. Carême-Prenant
Magloire (Saint-)	6 Lombards	r. Saint-Magloire
Malebranche	1 place Vendôme	passage Cendrier
Marais-Rouges	5 Porte Saint-Martin	r. des Récollets
Marché-aux-Ch. (du)	12 Saint-Marcel	r. du Marché-aux-Chev
Martial (Saint-)	9 Cité	r. Saint-Eloi
Mauconseil	5 Montorgueil	r. Saint-Denis
Michel (du Grand-S.-)	5 Porte Saint-Martin	r. du Faub.-S.-Martin
Ménilmontant	8 Popincourt	r. Ménilmontant

Impasses	*Arr.*	*Quartiers*	*Situation*
Mont-Parnasse (du)	11	Luxembourg	boulev. Montparnasse
Morlaix	5	Porte Saint-Martin	r. des Morts
Mortagne	8	Popincourt	r. Charonne
Nicolas (Saint-)	6	S. Martin-des-Champs	r. Royale-Saint-Martin
Nicolas (Saint-)	8	Marais	r. Royale
Paon (du)	11	Ecole-de-Médecine	r. du Paon
Pecquay	7	Mont-de-Piété	r. des Blancs-Manteaux
Peintres (des)	6	Porte Saint-Denis	r. Saint-Denis
Pierre (Saint-)	8	Marais	r. Neuve-Saint-Pierre
Pierre (Saint-)	3	Mail	r. Montmartre
Planchette (de la)	6	S. Martin-des-Champs	r. Saint-Martin
Plumet	10	Saint-Thomas-d'Aquin	r. des Brodeurs
Poissonnerie (de la)	8	Marais	r. Jarente
Pompe (de la)	5	Porte Saint-Martin	r. de Bondy
Provençaux (des)	4	Louvre	r. de l'Arbre-Sec
Puits-de-Rome (du)	6	S.-Martin-des-Champs	r. Frépillon
Putigneux	9	Hôtel-de-Ville	r. Geoffroy-Lasnier
Quatre-Vents (des)	11	Luxembourg	r. de Seine
Récollets (des)	5	Porte Saint-Martin	r. des Récollets.
Réservoirs (des)	1	Champs-Elysées	r. de Chaillot
Reuilly	8	Quinze-Vingts	Petite-Rue-de-Reuilly
Rohan (de)	11	Ecole-de-Médecine	r. du Jardinet
Rolin-prend-Gages	4	S.-Honoré, Louvres	r. des Lavandières
Roquette (de la)	8	Popincourt	r. de la Roquette
Martin (Saint)	6	S.-Martin-des-Champs	r. Royale
Sabin (Saint)	8	Popincourt	r. Saint-Sabin
Salembrière	11	Sorbonne	r. Saint-Séverin
Sébastien (Saint-)	8	Popincourt	r. Saint-Sébastien
Sœurs (des Deux-)	12	Saint-Marcel	r. des Francs-Bourgeois
Sourdis	4	Louvre	r. des Foss.-S.-G.-l'Aux.
Tivoli	2	Chaussée-d'Antin	r. de Tivoli.
Treille (de la)	4	Louvre	place S.-Germain-l'Aux.
Trois-Frères (des)	8	Quinze-Vingts	r. Traversière-S.-Ant.
Trois-Visages (des)	4	Louvre	r. Thibault-aux-Dés
Vaugirard (de)	11	Luxembourg	r. de Vaugirard
Venise (de)	6	Lombards	r. Quincampoix
Versailles (de)	12	Saint-Marcel	r. Traversine
Vert-Buisson (du)	10	Invalides	r. de l'Université
Veuve (de l'All.-des)	1	Champs-Elysées	allée des Veuves
Vignes (des)	12	Observatoire	r. des Postes

ILES.

Iles	Arr.	Quartiers
Cygnes (des)	10	Invalides
Louis (Saint-)	9	Ile-Saint-Louis
Palais (du)	11	Palais-de-Justice

CITÉS.

Cités	Quartiers	Situation
Antin (d')	2 d'Antin	r. de Provence
Beaurepaire	5 Montorgueil	r. Beaurepaire
Bergère	2 Faubourg Montmartre	r. du F.-M., r. Bergère
Berryer	1 place Vendôme	place de la Madeleine
Boufflers	6 Temple	r. du Petit-Thouars
Italiens (des)	2 Feydeau	r. Laffitte
Orléans (d')	6 Porte-Saint-Denis	boulevard Saint-Denis
Trévise	2 Faubourg Montmartre	r. Richer, r. Bleue

PORTS.

Ports	Arr.	Quartiers	Situation
Arsenal (de l')	9	Arsenal	près l'Arsenal
Blé (au)	9	Hôtel-de-Ville	quai de l'Hôtel-de-Ville
Ecole (de l')	4	Louvre	quai de l'Ecole
Fruits (aux)	12	Saint-Jacques	quai de la Tournelle
Hôpital (de l')	12	Jardin-du-Roi	barrière de la Gare
Invalides (des)	10	Invalides	vis-à-vis les Invalides
Nicolas (Saint-)	1	Tuileries	quai du Louvre
Orsay (d')	10	Invalides	quai d'Orsay
Paul (Saint-)	9	Arsenal	quai des Ormes
Pierre-S.-Leu (aux)	1	Champs-Elysées	quai de la Conférence
Râpée (de la)	8	Quinze-Vingts	quai de la Râpée
Recueillage (du)	10	de la Monnaie	quai Voltaire
Tuiles (aux)	8	Marais	canal Saint-Martin
Vins (aux)	12	Jardin-du-Roi	quai Saint-Bernard

HALLES ET MARCHÉS.

Halles et marchés	Arr.	Quartiers	Situation
Blé (aux) O.	4	Banque de France	r. de Viarmes
Cuirs (aux) O.	5	Montorgueil	r. Mauconseil

Halles et marchés	*Arr.*	*Quartiers*	*Situation*
Draps (aux) O.	4	la Halle	r. de la Poterie
Veaux (aux) H.	12	Jardin-du-Roi	r. de Poissy, r. de Pont.
Viande (à la) O.	4	la Halle	r. des Prouvaires
Vins (aux) H.	12	Jardin-du-Roi	quai Saint-Bernard
Aguesseau (d') O.	1	Place Vendôme	r. de la Madeleine
Antoine (Saint-) O.	8	Quinze-Vingts	r. d'Aligre
Beurre et Œufs (au) O.	4	la Halle	près la r. de la Cosson.
Blancs-Manteaux (des)	7	Mont-de-Piété	Vieille-Rue-du-Temple
Boulainvilliers T.	10	Faub. Saint-Germain	r. du Bac
Carré-de-la-Halle (du)	4	la Halle	entre les r. S.-D. et Ling.
Catherine (Sainte) O.	8	Marais	r. Saint-Antoine
Chevaux (aux) G.	12	Saint-Marcel	boulevard de l'Hôpital
Cour du Com. (de la)	6	Lombards	r. des Ecrivains
Enfants-Rouges (des) O	7	Mont-de-Piété	r. de Bretagne
Eustache (de la P.-S.-)	3	Saint-Eustache	Pointe-Saint-Eustache
Fleurs (aux) Da.	9	Cité	quai aux Fleurs
Fleurs (aux) P.	1	Place Vendôme	à la Madeleine
Fleurs (aux) O.	6	Temple	boulevard Saint-Martin
Fleurs (aux) O.	11	Luxembourg	pl. Saint-Sulpice
Fourrages (aux) Da.	5	Porte Saint-Martin	r. du Faub.-Saint-Martin
Fourrages (aux) O.	8	Faub. Saint-Antoine.	r. du Faub.-S.-Antoine
Fourrages (aux) F.	12	Observatoire	boulevard d'Enfer
Germain (Saint-) P.	11	Luxembourg	r. du Four
Huîtres (aux) O.	3	Saint-Eustache	r. Montorgueil
Innocents (des) O. Di. F	4	la Halle	r. Saint-Denis
Jacobins (des) D.	2	Palais-Royal	r. Saint-Honoré
Jac.-la-B. (M. et Pl. S.-)	6	Lombards	r. des Ecrivains
Joseph (Saint-) Da.	3	Montmartre	r. Montmartre
Madeleine (de la) O.	1	Roule	r. de l'Arcade
Martin (Saint-) O.	6	S.-Martin-des-Champs	r. Montgolfier
Marée (de la)	4	la Halle	près la r. de la Cosson.
Maubert (de la place)	12	Saint-Jacques	r. Mont.-Sainte-Genev.
Marché-Neuf Da.	9	Cité.	près le pont Saint-Michel.
Patriarches (des) H.	12	Saint-Marcel	r. Mouffetard
Poirées (aux)	4	la Halle	r. du Marché-aux-Poirées.
Popincourt	8	Popincourt	r. Popincourt
Porte S.-Hon. (de la) P	1	Place Vendôme	r. du Faub.-S.-Honoré
Porte S.-Martin (de la)	6	Porte Saint-Martin	r. Saint-Martin
Porte S.-Denis (de la) O	5	Porte Saint-Denis	r. Saint-Denis
r. de Sèvres (de la) T.	10	Saint-Thomas-d'Aquin	r. de Sèvres
Saint-Louis Bé.	9	île de ce nom	r. Saint-Louis
Temple (du) Cj.	6	Temple	r. de ce nom
Vallée (de la) P.	11	Ecole-de-Médecine	quai des Augustins

PONTS.

Ponts		*Situation*	
Archevêché (de l')	9, 12	quai de l'Archevêché	quai de la Tournelle
Arcole (d')	9	place de l'Hôtel-de-Ville	quai Napoléon
Arsenal (de l')	9	quai Morland	pont d'Austerlitz
Arts (des)	4, 10	Louvre	palais de l'Institut
Austerlitz (d')	8, 12	quai Morland	place Walhubert.
Bercy (de)	8, 12	barrière de Bercy	barrière de la Gare
Bièvre (de)	12	quai de l'Hôpital	sur la rivière de Bièvre
Carrousel (du)	4, 10	quai Malaquais	q. du Louvre
Change (au)	4, 9	place du Châtelet	r. de la Barillerie
Charles (Saint-)	9	communique aux salles	de l'Hôtel-Dieu
Cité (de la)	9	r. Saint-Louis	r. Bossuet
Concorde (de la)	1	place de la Concorde	périst. de la Ch. des Dép.
Constantine (de)	9, 12	quai Saint-Bernard	quai de Béthune
Croullebarbe	12	boulev. des Gobelins	sur la rivière de Bièvre
Damiette (de)	9	île Saint-Louis	quai des Célestins
Doubles (aux)	9	r. de la Bûcherie	place Notre-Dame
Grammont (de)	9	quai des Célestins	île Louviers
Iéna (d')	1, 10	quai de Billy	Champ-de-Mars
Invalides (des)	1, 10	quai d'Orsay	Champs-Élysées
Louis-Philippe	9	port au Blé	île S.-Louis, quai Napol.
Marie	9	r. des Nonaindières	r. des Deux-Ponts
Michel (Saint-)	11	r. de la Barillerie	place du Pont-S.-Michel
Notre-Dame	7, 9	r. Planche-Mibray	r. de la Cité
Petit-Pont	9, 11	r. de la Cité	r. du Petit-Pont
Pont-Neuf	4, 11	place des Trois-Maries	r. Dauphine
Pont-Royal	1, 10	quai des Tuileries	r. du Bac
Tournelle (de la)	9, 12	r. des Deux-Ponts	quai de la Tournelle
Tripes (aux)	12	r. Mouffetard	r. Mouffetard

BOULEVARDS.

Beaumarchais, 8e arr. ; quartiers du Marais, de Popincourt et du faubourg Saint-Antoine.

Bourdon, 9e arr. ; quartier de l'Arsenal.

Bonne-Nouvelle, 3e et 5e arr. ; quartiers Bonne-Nouvelle et Faubourg Poissonnière.

Capucines (des), 1er arr. ; quartier de la Place Vendôme.

Denis (Saint-), 5e et 6e arr. ; quartiers Saint-Denis et Saint-Martin.

D'Enfer, 11e et 12e arr. ; quartiers du Luxembourg et de l'Observatoire.

Filles-du-Calvaire (des), 6e et 8e arr. ;

quartiers du Marais, Popincourt, Temple.

Gobelins (des), 12e arr. ; quartier Saint-Marcel.

Hôpital (de l'), 12e arr. ; quartier Saint-Marcel.

Invalides (des), 10e arr. ; quartiers Saint-Thomas-d'Aquin et Invalides.

Italiens (des), 2e arr. ; quartiers de la Chaussée-d'Antin et Feydeau.

Jacques (Saint-), 12e arr. ; quartiers Saint-Marcel et Observatoire.

Madeleine (de la), 1er arr. ; quartier de la Place Vendôme.

Malesherbes, 1er arr. ; quartier de la Madeleine.

Martin (Saint-), 5e et 6e arr. ; quartiers Saint-Martin-des-Champs et Porte-Saint-Martin.

Mazas, 8e arr. ; quartier des Quinze-Vingts.

Montmartre, 2e arr. ; quartiers de la Chaussée-d'Antin et Feydeau.

Mont-Parnasse, 11e arr. ; quartiers S.-Thomas-d'Aquin et Luxembourg.

Poissonnière, 2e et 3e arr. ; quartiers du Faubourg-Poissonnière et du Faubourg-Montmartre.

Santé (de la), 12e arr. ; quartier Saint-Marcel, Observatoire.

Temple (du), 6e arr. ; quartier du Temple.

QUAIS.

Quais	*Arr.*	*Tenants*	*Aboutissants*
Anjou (d')	9	r. des Deux-Ponts	r. Saint-Louis
Archevêché (de l')	9	quai Napoléon	pont aux Doubles
Augustins (des)	11	pont Saint-Michel	Pont-Neuf
Austerlitz (d')	12	barrière de la Gare	pont d'Austerlitz
Bernard (Saint-)	12	pont d'Austerlitz	pont de la Tournelle
Béthune (de)	9	r. Saint-Louis	pont de la Tournelle
Billy ou de Chaillot	1	place de la Conférence	barrière de Passy
Bourbon	9	r. Saint-Louis	pont Marie
Célestins (des)	9	pont de Grammont	r. Saint-Paul
Conférence (de la)	1	place de la Concorde	allée des Veuves
Conti ou de la Monn.	10	Pont-Neuf	pont des Arts
École (de l')	4	Pont-Neuf	quai du Louvre
Fleurs (aux)	9	pont Notre-Dame	pont au Change
Gèvres (de)	7	pont Notre-Dame	pont au Change
Grands-Degrés (des)	12	pont aux Doubles	pont de l'Archevêché
Horloge (de l')	11	pont au Change	place du Pont-Neuf
Hôtel-de-Ville (de l')	9	r. Geoffroy-Lasnier	place de l'Hôtel-de-Ville
Jemmapes	5, 6, 8	place de la Bastille	barrière de Pantin
Louvre (du)	4	quai de l'École	pont Royal
Malaquais	10	r. de Seine	r. des Saints-Pères
Marché-Neuf (du)	9	rue de [illegible]	pont Saint-Michel
Mégisserie (de la)	4	pont au Change	Pont-Neuf
Michel (Saint-)	11	Petit-Pont	pont Saint-Michel
Morland	9	pont d'Austerlitz	pont de Grammont

Quais	Arr.	Tenants	Aboutissants
Napoléon	9	quai de l'Archevêché	quai aux Fleurs
Orsay (d')	10	pont Royal	barrière de la Cunette
Orfèvres (des)	11	pont Saint-Michel	place du Pont-Neuf
Orléans (d')	9	pont de la Tournelle	pont de la Cité
Ormes (des)	9	r. de l'Etoile	r. Geoffroy-Lasnier
Paul (Saint-)	9	r. Saint-Paul	r. de l'Etoile
Pelletier	7	place de l'Hôtel-de-Ville	pont Notre-Dame
Râpée (de la)	8	barrière de la Râpée	pont d'Austerlitz
Tournelle (de la)	12	quai Saint-Bernard	r. de Pontoise
Tuileries (des)	1	pont Royal	pont de la Concorde
Valmy	5, 6, 8	place de la Bastille	barrière de Pantin
Voltaire	10	r. des Saints-Pères	pont Royal

BARRIÈRES.

Barrières	Arr.	Quartiers
Amandiers (des)	5	Popincourt
Arcueil (d') ou Saint-Jacques	12	Observatoire
Aunay (d')	8	Popincourt
Belleville (de)	4, 6	Porte-Saint-Martin, Temple
Bercy (de)	8	Quinze-Vingts
Blanche	2	Chaussée-d'Antin
Boyauterie (de la)	5	Porte Saint-Martin
Charenton (de)	8	Quinze-Vingts
Chartres (de)	1	Roule
Chopinette (de la)	5	Porte Saint-Martin
Clichy	1, 2	Roule, Chaussée-d'Antin
Combat (du)	5	Porte Saint-Martin
Courcelles (de)	2	Roule
Couronnes (des Trois-)	6	Temple
Croullebarbe	12	Saint-Marcel
Cunette (de la)	10	Invalides
Denis (Saint-) ou de la Chapelle	3, 5	Faub. S.-Denis et Poissonnière
Ecole-Militaire (de l')	10	Invalides
Enfer (d')	12	Observatoire
Etoile (de l')	1	Champs-Elysées
Fontarabie (de)	8	Popincourt, Faub. Saint-Antoine
Fourneaux (des)	11	Luxembourg
Franklin	1	Champs-Elysées
Gare (de la)	12	Saint-Marcel
Grenelle (de)	10	Invalides
Italie (d') ou de Fontainebleau	12	Saint-Marcel
Ivry (d')	12	Saint-Marcel

Barrières	Arr.	Quartiers
Lamothe-Piquet (de)	10	Invalides
Longchamp (de)	1	Champs-Elysées
Lourcine (de)	12	Saint-Marcel
Maine (du)	11	Luxembourg
Mandé (Saint-)	8	Quinze-Vingts
Marie (Sainte-)	1	Champs-Elysées
Martyrs (des)	2	Montmartre, Chaussée-d'Antin
Ménilmontant	6, 8	Popincourt, Temple
Monceaux (de)	1	Roule
Montmartre ou Pigale	2	Chaussée-d'Antin
Mont-Parnasse	11	Luxembourg
Montreuil (de)	8	Faubourg Saint-Antoine
Moulins (des Deux-)	12	Saint-Marcel
Paillassons (des)	10	Invalides
Pantin (de)	5	Porte Saint-Martin
Passy	1	Champs-Elysées
Picpus	8	Quinze-Vingts
Poissonnière ou du Télégraphe	2	Faub. Poissonnière et Montmartre
Ramponneau (de)	6	Temple
Râpée (de la)	8	Quinze-Vingts
Rats (des)	8	Popincourt
Réservoirs (des)	1	Champs-Élysées
Reuilly (de)	8	Quinze-Vingts
Rochechouart (de)	2	Faubourg Montmartre
Roule (du)	1	Roule, Champs-Élysées
Santé (de la)	12	Observatoire, Saint-Marcel
Sèvres (de)	10	Invalides, Saint-Thomas-d'Aquin
Trône (du)	8	Quinze-Vingts, Saint-Antoine
Vaugirard (de)	10. 11	Luxembourg, S.-Thomas d'Aq.
Vertus (des)	5	Faubourg Saint-Denis
Villette (de la)	5	Porte S.-Martin, Faub. S.-Denis

AVENUES ET ALLÉES.

Avenues	Arr.	Quartiers
Abattoir (de l')	1	Roule
Antin (allée d')	1	Champs-Elysées
Arsenal (de l')	9	Arsenal
Bel-Air (du)	8	Quinze-Vingts
Biron (de)	1	Champs-Elysées
Boufflers (de)	10	Invalides
Bourdonnaie (de la)	10	Invalides
Breteuil (de)	10	Invalides

Avenues	*Arr.*	*Quartiers*
Champs-Elysées (des)	1	Champs-Elysées
Chateaubriand (de)	1	Champs-Elysées
Cours-la-Reine (allée du)	1	Champs-Elysées
Ecole-Militaire (de l')	10	Invalides
Fortunée	1	Champs-Elysées
Frochot	2	Chaussée d'Antin
Gabrielle (de)	1	Champs-Elysées
Hôpital (de l')	12	Jardin-du-Roi
Jeu-de-Paume (du)	8	Faubourg Saint-Antoine
Lamothe-Piquet (de)	10	Invalides
Latour-Maubourg (de)	10	Invalides
Lowendal (de)	10	Invalides
Maine (du)	11	Luxembourg
Mandé (de Saint-)	8	Quinze-Vingts
Marbœuf (allée)	1	Champs-Elysées
Marie (de Sainte-)	1	Champs-Elysées
Marigny (de)	1	Champs-Elysées
Marché aux Chevaux	12	Jardin-du-Roi
Matignon (de)	1	Champs-Elysées
Neuilly (de)	1	Champs-Elysées
Observatoire (de l')	12	Observatoire
Ormeaux (des)	8	Faubourg Saint-Antoine
Parmentier	8	Popincourt
Pépinière (de la)	11	Luxembourg
Projetée	8	Quinze-Vingts
Sable (de)	8	Quinze-Vingts
Saxe (de)	10	Invalides
Ségur (de)	10	Invalides
Soupirs (des)	8	Quinze-Vingts
Suffren (de)	10	Invalides
Tourville (de)	10	Invalides
Triomphes (des)	8	Faubourg Saint-Antoine
Trudaine	2	Faubourg Montmartre
Veuves (allée des)	1	Champs-Elysées
Villars (de)	10	Invalides
Vincennes (de)	8	Quinze-Vingts

CHAMPS,

Champs	*Arr.*	*Quartiers*
Champ-de-Mars	10	Invalides
Champs-Elysées	1	Champs-Elysées
Champ-des-Capucins	12	Observatoire

CHEMINS DE RONDE *.

Chemins de ronde	*Arr.*	*Quartiers*
Amandiers (des)	8	Popincourt
Aunay (d')	8	Popincourt
Bassins (des)	1	Champs-Elysées
Belleville (de)	5	Porte Saint-Martin
Bercy (de)	8	Quinze-Vingts
Blanche (de la barrière)	2	Chaussée-d'Antin
Buttes-Chaumont (des)	5	Faubourg Saint-Martin
Boyauterie (de la)	5	Porte Saint-Martin
Charenton (de)	8	Quinze-Vingts
Chopinette (de la)	5	Porte Saint-Martin
Clichy (de)	1	Roule
Combat (du)	5	Porte Saint-Martin
Courcelles (de)	1	Roule
Couronnes (des Trois-)	6	Temple
Denis (de Saint-)	3	Faubourg Poissonnière
Enfer (d')	11	Luxembourg
Fontarabie	8	Popincourt
Fourneaux (des)	11	Luxembourg
Franklin	1	Champs-Elysées
Gare (de la)	12	Saint-Marcel
Grenelle (de)	10	Invalides
Ivry (d')	12	Saint-Marcel
Longchamp (de)	1	Champs-Elysées
Maine (du)	11	Luxembourg
Maudé (de Saint-)	8	Quinze-Vingts
Martyrs (des)	2	Chaussée-d'Antin
Ménilmontant (de)	8	Popincourt
Militaire (de l'École-)	10	Invalides
Montmartre (de)	2	Chaussée-d'Antin
Mont-Parnasse	11	Luxembourg
Montreuil (de)	8	Faubourg Saint-Antoine
Monceau (de)	1	Roule
Neuilly (de)	1	Champs-Elysées
Paillassons (des)	10	Invalides
Pantin (de)	5	Porte Saint-Martin
Picpus (de)	8	Quinze-Vingts
Poissonnière	2	Faubourg Montmartre

* Ces chemins sont ceux qui règnent le long des murs de clôture de la ville de Paris, *intra muros.* Ils prennent le nom de la barrière où ils commencent. Or ils commençant au point le plus élevé de la Seine, c'est-à-dire à la barrière de la Rapée pour ceux qui sont au nord de cette rivière, et à la barrière de la Gare pour ceux qui sont au sud. *Voir* Barrières.

Chemins de ronde	*Arr.*	*Quartiers*
Ramponeau	6	Temple
Râpée (de la)	8	Quinze-Vingts
Rats (des)	8	Popincourt
Reuilly (de)	8	Quinze-Vingts
Rochechouart (de)	2	Faubourg Montmartre
Roule (du)	1	Champs-Elysées
Sèvres (de)	10	Invalides
Télégraphe (du)	2	Faubourg Montmartre
Vaugirard (de)	10	Saint-Thomas-d'Aquin
Vertus (des)	5	Faubourg Saint-Denis
Villette (de la)	5	Faubourg Saint-Denis
Vincennes (de	8	Faubourg Saint-Antoine

DÉSIGNATION DES PLACES DES THÉATRES.	OPÉRA.	ITALIENS.	OPÉRA COMIQUE.	THÉATRE FRANÇAIS.	ODÉON.	THÉATRE HISTORIQUE.	GYMNASE.	VAUDEVILLE.	VARIÉTÉS.	PALAIS-ROYAL.	PORTE-ST-MARTIN.	AMBIGU-COMIQUE.	GAÎTÉ.
Premières av.-scènes.	9 »	10 »	7 50	6 60	5 »	5 »	6 »	6 »	6 »	5 »	5 »	5 »	4 »
Deuxièm. av.-scènes .	7 50	7 75	4 »	4 »	4 »	» »	2 50	4 »	4 »	3 »	5 »	2 50	2 25
Av-Sc. r.-de-chauss. .	9 »	10 »	7 50	6 60	» »	6 »	6 »	6 »	6 »	5 »	5 »	5 »	4 »
Balcon	7 50	10 »	6 »	6 60	3 »	» »	5 »	5 »	5 »	3 »	4 »	3 50	2 50
Stalles - amphithéâtre.	7 50	» »	5 »	» »	» »	» »	» »	» »	2 50	» »	1 50	3 »	2 50
Première galerie . . .	7 50	10 »	5 »	5 »	2 50	4 »	4 »	4 »	4 »	3 »	2 50	3 50	2 »
Premières de face . .	9 »	10 »	7 50	6 60	2 50	3 »	3 »	4 »	5 »	5 »	5 »	4 »	2 »
Premières de côté . .	6 »	10 »	4 »	6 60	» »	» »	3 »	4 »	2 50	2 50	5 »	3 »	2 25
Orchestre.	7 50	10 »	5 »	5 »	2 50	4 »	4 »	5 »	5 »	4 »	2 50	2 60	1 50
Deuxièm. log. de face.	7 50	10 »	5 »	4 »	» »	» »	3 »	3 »	2 50	1 50	4 »	2 50	2 50
Deuxièmes de côté . .	5 »	7 75	2 »	4 »	» »	» »	2 50	3 »	2 »	2 50	2 »	2 50	3 »
Baignoires	6 »	10 »	5 »	6 60	2 50	4 »	4 »	3 »	» »	2 50	2 50	2 50	3 »
Troisièmes de face. .	5 »	6 »	2 »	2 75	1 50	» »	1 75	4 »	1 50	2 »	2 »	» »	» »
Troisièmes de côté. .	3 50	5 »	2 »	2 75	1 »	» »	1 75	2 50	2 »	2 »	2 »	» 75	» 60
Quatrièmes de face. .	3 50	4 »	» »	2 75	» »	» »	» »	2 »	» »	» »	» »	» »	» »
Quatrièmes de côté. .	3 »	» »	» »	» »	» »	» »	» »	» »	» »	» »	» »	» »	» »
Deuxième galerie. . .	» »	» »	3 »	1 80	» »	2 »	» »	» 75	2 »	» »	1 »	2 »	1 25
Amphithéâtre.	3 »	» »	1 »	1 25	» 75	2 »	» »	» »	1 »	1 25	1 50	» 75	» 40
Deuxième amphithéât.	» »	» »	» »	» »	» »	» 75	» »	» »	» 50	» »	» 50	» 75	» »
Troisième galerie. . .	» »	» »	» »	» »	» »	» »	» »	» »	» »	» »	» »	» 50	» »
Quatrième galerie . .	» »	» »	» »	» »	» 50	» »	» »	» »	» »	» »	» »	» »	» »
Parterre	4 »	4 »	2 50	2 20	1 »	1 25	1 75	2 »	2 »	1 25	1 50	1 25	1 »

TABLE.

FIN DE LA TABLE.

Paris. — Imprimerie DESOYE et Ce, rue de Seine, 32.

HYGIÈNE. — TOILETTE.

Beaucoup de personnes ignorent que les rides prématurées, la rudesse de la peau, la chute des cheveux ou leur blancheur précoce, l'engorgement des gencives, la carie et la perte des dents proviennent du trop peu d'attention et de soins qu'elles mettent dans le choix des diverses préparations dont elles se servent pour leur toilette. Trop souvent ces préparations renferment des substances nuisibles à la santé, quelquefois même dangereuses ou vénéneuses. Nous croyons leur rendre un éminent service en leur indiquant LA PARFUMERIE DE LA SOCIÉTÉ HYGIÉNIQUE dont l'entrepôt est *rue Jean-Jacques Rousseau*, 5.

Les divers produits de cet établissement y sont fabriqués d'après l'indication et sous la surveillance de médecins et de chimistes distingués; aussi, loin d'être nuisibles aux diverses parties du corps auxquelles s'applique leur emploi, ils les entretiennent dans l'état le plus satisfaisant de santé et de beauté.

Paris. — E. Dasoye et Cie, imprimeurs, 36,

www.ingramcontent.com/pod-product-compliance
Ingram Content Group UK Ltd.
Pitfield, Milton Keynes, MK11 3LW, UK
UKHW021038230726
13926UKWH00004B/1545